내삶의 노래;
마음에 새겨진 이야기

이 금 환 지음

하나님의 사람을 **엘맨**
만들어 가는 ELMAN

내 삶의 노래 : 마음에 새겨진 이야기

초판 1쇄 ❙ 2024년 12월 20일

지 은 이 ❙ 이금환
펴 낸 이 ❙ 이규종
펴 낸 곳 ❙ 엘맨
　　　　　　 서울시 마포구 토정로222
　　　　　　 한국출판콘텐츠센터 422-3
전　　화 ❙ 02-6401-7004
팩　　스 ❙ 02-323-6416
홈페이지 ❙ www.elman.kr
메　　일 ❙ elman1985@hanmail.net
등　　록 ❙ 제2020-000033호

I S B N ❙ 978-89-5515-805-2
정　　가 ❙ 14,000원

내 삶의 노래;
마음에 새겨진 이야기

이금환 지음

하나님의 사람을
만들어 가는 **엘맨**
ELMAN

─────

글이 한쪽, 한쪽 늘 따뜻하게 눈웃음지으시며, 수줍은 듯 말씀하시는 목사님의 마음이 담겨있는 듯 느껴졌습니다.

읽으면서 "여전히 우리 주변에는 이런 목회자가 있구나!"하는 감사와 안도감에 행복했습니다. 목회자의 마음을 담은 글이 귀한 편인데, 바쁘신 틈틈이 마음과 기억에 새겨진 천국의 조각들을 볼 수 있게 해 주셔서 감사드립니다. 좋은 글 더 많은 분이 보고 나눌 수 있으면 좋겠습니다.

좋은 글 좋은 마음 만나게 해주셔서 감사합니다.

양병모 교수(침례신학대학교 신학과 목회상담과 목회신학 명예교수)

─────

내가 일찍이 짐작했었지.

고등학교 시절 눈가에는 웃음을 머금고 환한 얼굴로 친구들과 어울려 격의 없이 대화하는 것을 보고 언젠가 다른 사람에게 기쁨을 주고 즐거움을 주리라는 것을…….

내가 일찍이 짐작했었지.

대학교 들어서자마자 CCC(대학생선교회)에 가입하여 늘 성경에 대해서 공부하고 기독교에 대해서 열심히 파고드는 모습을 보고 언젠가 누군가의 영혼을 맑게 해주고 삶에 위안을 줄 사람이라는 것을…

꽤 오래 되었다.

매일 아침마다 카톡으로 성경 한 구절을 알기 쉽게 풀이와 더불어 배달된다. 하루도 빠짐없이 제시간에 정확히 배달된다. 처음에는 그냥 지나치기 일쑤였다('그렇고 그런 얘기겠지' 라고 생각하면서....). 매일 매일 반복되다 보니 호기심이 발동되어 읽어보기 시작한지 꽤 오래 되었다. 그저 다 아는 평범한 얘기 같으면서도 무엇인가 마음에 남아 나의 삶을 되 돌아보며 마음을 추스르게 되고 흙탕물을 정화하는 듯한 느낌이 들어 매일 읽는 재미에 빠졌다.

이 책은 그런 책이다.

옆에 두고 틈틈이 하나씩 읽는 재미가 쏠쏠하다. 마치 영화관에서 팝콘을 손에 들고 무심히 먹다 보면 나도 모르게 손이 자꾸 가는 것처럼. 팝콘은 연인이든 친구든 남녀를 구분하지 않고 어린이와 어른들도 의도하지 않아도 자꾸만 손이 간다. 특별히 배부르거나 전에 느껴보지 못했던 맛은 아니지만 없으면 왠지 허전한 느낌이 든다. 이 책이 그런 책이다.

종교가 있든 없든, 얼굴에 세월의 흔적이 많든 적든, 옆에 놓고 틈틈이 읽어보기를 권하고 싶은 책이다. 읽고 난 후에 마음의 평화와 영혼의 충만함을 느끼게 하고 삶의 지혜를 주며 이정표를 제시하는 것 같은 그런 책이다.

김익중 박사(고교 및 대학동기, 전 대전광역시 자치경찰위원회 사무국장)

사람 내음이 물씬 풍기는 글들입니다. 동시에 자세히 들여다 보면, 깊은 신앙의 조각들이 곳곳에 숨은 듯, 자신을 드러내는 듯 고개를 내밀며 많은 생각을 하게 합니다.

이금환 목사님의 글을 읽어가면서 목사님에게 "이야기란 무엇일까?" 하는 생각이 들었습니다.

소개된 '이야기'는 큰 바위 얼굴처럼 그가 꿈꾸던 목자의 모습을 날마다 이루어가는 목자의 삶이었습니다.

때론 일상의 삶이 일깨워주는 가르침을 전하고, 어떤 때는 "귀로 듣는 언어가 아닌 마음으로 듣는 언어"로 들려주는 일화이자, 목회자로서 죽음이란 '무력함' 앞에 담대히 마주하는 '용기'이자, "따뜻한 차 한 잔보다 더 따뜻한 마음과 마음을 잇는 시간"입니다.

그렇기 때문에 목사님이 들려주는 '이야기'는 의미 있는 조각들이 모여 한 편의 따뜻한 누비이불이 되었습니다. 목사님에게 이야기란 이웃의 살아가는 삶이자, 곧 그 자신의 삶이었습니다. 그리고 진솔하게 들려주는 이야기 속에서 자연스럽게 '예수님'을 만나게 되는 '만남'입니다.

일상 속에서 '어떻게 신앙인으로 살아갈 것인가?'를 고민하는 분들에게, 평범한 삶 속에서 '예수님을 기억하고 신앙이 배어 나오는 삶'을 살고자 하는 모든 이들에게 읽어보시길 권합니다.

김양주 목사〈이스라엘 바르일란대학 성서학 박사과정 수료〉

생애 처음으로 추천사를 쓰라는 말씀을 들으니 망설여지지 않을 수 없었다. 어정쩡하게 대답하고 보내 주신 글을 읽었다. 오랜 동안 알고 지낸 분인데, 글로 풀어낸 인생을 따라가다 보니 미소가 절로 났다. 때로는 "아, 이분이 이렇게 사셨구나!"라는 감탄사도 흘러나왔다. 그러면서 한 문장이 떠올랐다.

"낮에 하늘의 별을 볼 수 없는 이유는 별빛이 햇빛보다 덜 밝기 때문은 아니다"라는. 그리고 이 분의 삶에 이렇게 많은, 별같이 빛나는 순간이 있었는데 내가 모르고 있었구나라는 생각이 들면서 과연 지나온 내 삶은 어떠했나 저절로 돌아보게 되었고, 겉으로 살짝(속으론 많이) 부끄럽기까지 하였다.

글을 읽는 내내, 주변에서 만나는 사람들 하나하나를 찬찬히 그리고 오랫동안-때론 수십 년 넘게, 따뜻한 사랑의 눈길로 들여다보며 보듬었던 손가락으로 컴퓨터 자판을 꼭꼭 눌러가며 글을 쓰는 그의 웅크린 등에서 잔잔한 기쁨과 감사의 감동이 느껴졌다. 어느덧 마지막 페이지에 이르니, 마치 좋은 사람과 이야기 하다가 벌써 헤어질 시간이 되었어?라는 듯한 아쉬움마저도 들었다.

어쩌면 쉽게 읽히는 글이지만 그 행간의 삶은 결코 쉽지 않았을 것이다. 그래도 글 솜씨가 경쾌하니 읽기에 부담스럽지 않았다. 처음에 책을 받아서 한 번에 쭉 읽고 편하게 옆에 두었다가 아무 때나 혼자 커피 한 잔 마시며 또 읽으면 좋은 친구 하나 새로 얻게 되리라 믿는다.

정덕진 변호사〈목사〉

이 책을 처음 건네받으면서 추천서를 부탁한다는 말을 들었을 때 부러움 반, 슬픔 반의 감정을 느꼈다. 올해 2월 24일, 난 뇌경색을 진단받고 기억의 대부분을 잃었다.

사랑하는 아내와의 7년 동안 연애의 기억, 아이 셋을 출산했을 때의 감격, 나를 위해 한평생 기도하신 부모님의 기도, 모든 것이 분명 존재한 일이지만, 마음에 그리고 기억에 새겨져 있지 않았다. 그리고 다시 퍼즐을 맞추듯 기억을 저장해야 했다.

그런데 '내 삶의 노래 : 마음에 새겨진 이야기'를 읽으면서 눈물이 흘렀다. 이유를 알 수 없지만, 이금환 작가이자 목사님의 마음과 기억에 새겨진 소소한 일상의 삶이 마치 나의 기억처럼 느껴졌고 동감했다. 같은 시대에 같은 도시에서 목회를 한 이유, 그리고 성실하게 목회하신 목사님의 기억이 이제 나의 기억이 된 것 같아 마음이 든든하다.

경험자로서 증언한다.

'내 삶의 노래 : 마음에 새겨진 이야기'가 얼마나 소중한지를…….

부디 이 책을 읽고 난 후, 자신의 마음에 새겨진 얘기들을 꺼내보고 누군가에게 나눌 수 있기를 바란다.

곽일구 목사〈옥계침례교회〉

「내 삶의 노래 : 마음에 새겨진 이야기」는 이금환 목사님의 따뜻한 시선과 깊은 신앙이 담긴 소중한 작품입니다. 목사님은 이 책을 통해 기독교의 진리를 일상에서 자연스럽게 풀어내고자 하셨습니다. 그 의도대로, 이 책은 복잡하고 어려운 신학적 개념보다는 우리의 삶 속에서 누구나 쉽게 경험할 수 있는 이야기들을 통해 하나님께서 주시는 신앙의 핵심 메시지를 담고 있습니다.

이 책의 매력은 일상에서 겪는 소소한 경험들 속에 숨겨진 진리를 발견하게 해준다는 점입니다. 목사님은 삶의 여정 속에서 마주하는 기쁨, 슬픔, 그리고 어려움 속에서도 하나님이 함께하신다는 중요한 신앙적 진리를 마치 친근한 대화처럼 풀어내고 있습니다. 신앙이란 우리의 삶과 동떨어진 것이 아니라, 우리가 살아가는 매일의 순간 속에 스며들어 있다는 것을 깨닫게 해주는 귀한 책입니다.

독자들은 이 책을 통해 삶 속에서 하나님의 손길을 발견하고, 신앙의 눈으로 일상을 바라보는 법을 배우게 됩니다. 특히, 바쁜 현대인들이 잊기 쉬운 소중한 가치들(감사, 사랑, 용서)을 다시금 되새기게 하는 책입니다. 각 이야기는 마치 한 편의 짧은 설교처럼 다가와 마음을 편안하게 하고 영혼의 깊은 곳의 갈급함을 채워줍니다.

이금환 목사님의 이 글들은 신앙을 가진 이들에게는 깊은 위로와 힘을, 신앙을 막 시작한 이들에게는 쉽게 다가올 수 있는 신앙적 교훈을 전해줍니다. 우리의 일상 가운데 하나님을 더 깊이 만나고 싶은 분들에게 이 책을 강력히 추천해 드립니다.

　　　-송창근 목사(전 중국선교사, 동행교회 담임, 침례신학대학교 신약학 박사과정 수료)

글쓴이의 말

사람마다 이야기 속에서 살아가고, 또 살다 보니 이야기가 만들어지곤 한다. 이런 수많은 이야기는 대부분 곧 잊히고, 곧 사라지는 얘기들이다.

그렇게 사라지는 이야기들이라고 의미가 없지는 않지만, 그냥 사라지기 때문에 의미 있게 남겨놓을 수가 없다.

그렇지만 마음에 새겨지고, 기억에 새겨진 얘기들은 내가 원하든 원하지 않든 간에 지금까지도 꽤 잘 간직 되어온 얘기들이고, 앞으로도 꽤 오랫동안 마음과 기억 속에 남아 언제든지 튀어나올 것만 같다.

이런 얘기들은 얘기 속의 주인공이 나와 단둘이든, 서너 명이든, 네댓 명이든, 실제로는 대부분 나의 독백과도 같은 얘기들이다. 그런 얘기들은 수시로 떠올려 보고, 또 가끔은 누구에게라도 들려주고 싶고, 전해 주고도 싶고, 누군가를 그 이야기 속으로 끌고 들어가고 싶은 마음이 생길 때도 있다.

이런 바람, 이런 마음에 못 이겨 자판을 두들긴 것은 아니다.

진짜 이유는 이런 것이라고 하고 싶습니다.

꼭 하고 싶었던 말이 있었는데 못한 말이 있었으므로.

꼭 나누고 싶었는데 못 나눈 마음이 있었으므로.

꼭 함께 하고 싶었는데 함께 하지 못한 아쉬움이 있었으므로.

이런 말, 이런 마음, 이런 아쉬움을 한 자리에 모아보았다.

어떤 것은 짠한 마음이기도 하고, 어떤 것은 어리둥절한 순간이기도 하고, 어떤 일은 마음에 꽤 깊은 크랙을 남기기도 했고, 어떤 사건은 앞으로도 계속 미완성인 채로 있을 것 같기도 하다.

말문이 막혔다거나, 용기가 없었다거나 그런 것 때문이 아니라 속으로 되뇌다가, 망설이다가, 한 번 더 생각하다가 못한 말들도 있고, "그때"는 미처 마땅히 할 말이 생각나지 않았었는데 한참 시간이 흐른 후에 떠오른 말도 있다.

뒤돌아보면 인내하지 못했던 순간들, 좀 더 기다려주지 못했던 순간들, 그냥 마음으로만 간직하고 침묵했어야 했는데 침묵하지 못했던 순간들도 있었고, 조금 더 관용할 걸 그랬나 하는 순간들도 있었고, 조금 더 진실되고 깊이 있게 사랑할 걸 그랬나 하는 순간들도 참 많았다.

그럼에도 이렇게 펼쳐볼 수 있다는 것이 얼마나 행복하고, 감사한지 모르겠다.

감사하고, 고마울 뿐이다.

하나님께 감사드리며, 아내와 딸과 사위, 그리고 글을 읽고, 책이 만들어지기까지 많은 도움을 준 희망찾기의 상담실장 박은진 자매님, 졸고를 읽고 추천사를 써 주신 분들 또 나의 사랑, 교회와 나의 마음과 나의 기억 속의 소중한 분들께 감사한다.

부족한 원고를 좋은 책으로 만들어주신 엘맨출판사의 이규종 장로님께 진심으로 감사한다.

목 차

01.
나의 세 친구

　살다 보니 이렇게 만나고, 저렇게 만나는 사람들이 생겨서 아는 사람들이 꽤 많이 쌓였다. 처음에는 큰 의미 없이 그냥 알고 지내던 사람이라도 세월이 한 겹, 두 겹 쌓여 겹겹이 쌓이다 보면 꼭 우정이라는 말을 사용하지 않아도 마음으로 그리워하는 친구가 된다. 이런 친구 중에는 얼굴을 자주 마주하는 친구가 되기도 하고, 또 꽤 친하게 지냈던 친구라도 세월이 지나면서 아련히 잊고 지내는 친구가 되기도 한다. "나이가 들면 친구 만들기가 힘들다."는 말은 얼마쯤은 맞는 말이라고 생각하면서도 계속해서 새로운 친구가 만들어진다는 것은 나에게는 경이로운 기쁨이다.

　가끔 스마트폰 갤러리 속의 사진을 펼쳐보는 것처럼 친구들을 떠올릴 때가 있다. 친구들을 생각하다 보면 모두 다 좋은 친구들이지만 어떤 친구는 정서적으로 잘 맞는 친구가 있고, 어떤 친구는 추구하는 것들이 비슷해서 잘 통하는 친구가 있고, 어떤 친구는 정서적으로나, 추구하는 것이 잘 맞아서 늘 같이 있고 싶은 친구도 있고, 어떤 친구는 자주 만나고 싶은데 바쁘다고 시간을 내주지 않는 친구도 있고, 어떤 친구는 언제든지 시간을 내주긴 하는데, 도무지 마음을 열어주지 않는 친구도 있다. 그래도 만나서 밥을 같이 먹는 친구가 있고, 인생 넋두리를 함께 하는 친구가 있고, 보나 마나 쓸쓸레하게 얼굴 붉히고 끝날 정치 얘기를 하는 친구도 있으나, 누구누구 할 것 없이 모든 친구가 삶의 의미를 새롭게 해주는 고마운 친구들이다. 나에게는 이런 친구들 외에 세 명의 특별한 친구들이 있다. 이 친구들은 가슴에 품고 있다가 내가 혼자 있는 시간에 더 잘 떠오르는 친구들이다. H, K, Y!

먼저 나의 세 친구 중에 가장 오래된 친구는 H다. H는 스물두 살이고, 중학교 중퇴다. 나의 친구이기는 하지만 이 친구는 건강이 좀 안 좋다. 사실 우리가 이렇게 친해진 것은 이 친구의 건강 때문에 친해질 수 있었다. H는 뇌전증이 아주 심하다. 우리가 알게 된 지는 어느덧 11년이 넘었다. H는 이미 몸은 어른이지만 지적으로나, 정서적으로는 아직 어린아이와 같은 친구다. 어떻게 하다 보니 H와 나는 3년 전부터는 매주 화요일마다 H의 집에서 만나 함께 찬송도 하고, 성경도 같이 보고, 함께 기도하고, 과일도 같이 먹고 있다. 나는 H가 나를 반겨주는 것이 너무 좋다. H는 탁구를 좋아하고, 아주 열심히 한다. H는 친구가 없다. 교회에 친구가 한 명 있기는 한데, 지금은 군대에 가고 없다고 했다. 제대하고 와도 그 친구가 H를 친구로 여겨줄지 모르겠다. H는 어떤 특정 영역에 대해서는 기억력이 아주 뛰어나다. 외우는 것을 힘들어하는 친구지만, 사소한 약속도 절대로 잊는 법이 없다. 오히려 너무 잘 기억해서 나를 당황하게 할 때도 많다. 아주 사소한 얘기도 예사로 지나치지 않는다. 나는 혹시나 나의 말이 H를 아프게 할까 봐 조심하곤 하지만, H의 마음을 아프게 하는 구석이 많을지도 모르겠다.

이제 H가 이런 말을 할 때는 마음이 아프다.

"목사님, 저도 여자 친구가 있었으면 좋겠어요."

"그렇구나, H가 여자 친구를 만들고 싶구나."

"네에."

"음~~~"

H가 이런 말을 할 때, 내가 해줄 수 있는 말이 생각나지 않아서 나는 말더듬이처럼 얼버무리면서 나의 마음을 감춘다.

이 세 친구 중에 두 번째로 오래된 친구는 K다. K는 샤이니 종현을 무척 좋아한다. 너무 좋아해서 스마트폰을 온통 종현 사진으로 치장해 놓았다. K는 고등학교에 다니다가 중퇴했다고 한다. 학교에서 소위 "왕따"와 괴롭힘을 많이 당했다고 한다. 어릴 때부터 쌓인 왕따의 아픔이 가슴에 한가득인 친구다. K는 세 친구 중에 유일하게 혼자 이동이 가능한 친구다. 어려움을 호소하면서도 지하철 탈 줄도 알고, 버스 환승도 할 줄 안다. 3년 전쯤 K의 엄마가 K를 소개해 주기 전에 K는 자폐증이 있다고 귀띔 해주었다. K는 아주 자주 이런 말을 하곤 한다.

"나의 친구는 종현 형밖에 없어요. 형을 따라가고 싶어요."

"종현은 이제 이 세상에 없어. 그러니 이제 마음으로만 좋은 친구로 기억하고, 그 형을 따라가야겠다는 마음은 갖지 말았으면 좋겠어."

K는 곧바로 이렇게 반응한다.

"싫어요!"

K는 친구를 만들고 싶어 하면서도 이렇게 말한다.

"친구는 무서워서 싫어요."

K는 종종 전화한다.

"목사님, 시간 나면 갈게요."

"그래 언제든지 오렴!"

"삼겹살 사주실 거예요?"

"그래, 같이 삼겹살 먹자!"

"목사님, 삼겹살 말고, 그냥 먹는 것 먹어도 돼요."

K는 혼자 보내는 시간이 많다. 요즘은 혼자 보내는 시간에 성경을 읽는다고 한다.

"성경 읽고 기억나는 것 있니?"

"없어요. 요셉인가 나왔는데……."

"떡 얘기도 나왔어요."

"성경 읽으면서 궁금한 것 없었니?"

"있어요. 천국은 어떤 곳이에요?"

"천국은 간 사람은 있는데, 갔다가 돌아온 사람이 없어서, 설명하기 어려운데…… 그런데, 거기는 아픈 것도, 눈물 나는 것도, 죽는 것도 없는 곳이야."

"그런 것 말고, 형체가 어떻게 생겼는지 말해주세요."

"형체는 나도 안 봐서 말해줄 수 없고, 성경에서 말하길 천국에는 하나님, 예수님, 성령님이 계시고, 많은 천사도 있고, 예수님을 믿고 영원한 생명을 얻은 사람들이 있는 곳이야."

"우리 엄마가 천국은 예수님 믿고, 착하게 살다 보면 나중에 가게 되는 곳이라고 알려줬어요."

나는 K에게 책을 읽게 하고 싶다. 그런데 K는 책 읽는 것이 너무 지루하다고 한다. 그래서 그림책을 한 권 보여줬던 적이 있다. 그때는 시큰둥하더니 오늘은 전화해서 그 그림책 얘기를 했다.

"목사님, 지난번에 보여준 그림책 지금도 있어요?"

"아마도 있을 거야."

"어떤 애들에게 주었거나, 잃어버리지 않았어요?"

"어디나 놓았는지 찾아볼게."

그림책이 기억났나 보다.

K는 책을 읽고 싶은 마음만 있으면 그렇게 어렵지 않게 읽을 수 있는 친구다.

나의 세 번째 친구는 Y다.

Y는 아직 나의 친구라고 하기에는 서로 아는 것이 그리 많지 않다.

Y는 이제 스무 살이다.

Y의 엄마가 말해준 Y는 다운증후군이라고 한다.

아주 귀여운 친구다. 엄마의 얼굴을 만지면서 "엄마, 엄마, 엄마 이쁘다, 엄마 좋다"라는 말을 많이 한다.

입으로 손가락을 빨고, 뜯어서 손에 상처가 많은 친구다.

Y는 테니스를 좋아하고, 열심히 한다. 아직 스스로 이동할 수 없고, 말이나, 글이 서툴지만, 미소가 아름다운 친구다. 아직 직장에 다니는 엄마의 도움을 받아야 이동을 할 수 있기 때문에 Y를 자주 만날 수가 없다. 아주 가끔밖에 볼 수 없는 친구다. 하지만 Y의 엄마는 Y에게 친구가 만들어지기를

바라기 때문에 우리는 곧 더 친해질 수 있을 것 같다.

  이들은 모두 나의 특별하고, 소중한 친구들이다.

  더 친해지고 싶은 친구들이다.

  H는 나를 잘 반겨줘서 고마운 친구이고, K는 나의 말동무가 되어 주어서 고마운 친구이고, Y는 앞으로 더 깊이 사귀고 싶은 친구이다.

02.
우리 동네 우체국

우리 동네는 대도시인데도 가까운 곳에 은행이 없다. 대신에 조그마한 소공원 옆에 우체국이 있다. 사실 우체국만 있는 것이 아니라 주민센터, 치안센터, 초등학교까지 우리 동네 공공기관이 우르르 몰려있다. 우체국은 자주 드나드는 곳이고, 초등학교 운동장은 산책이나, 운동하러 종종 가고, 주민센터는 드문드문 가야 할 때가 있고, 치안센터는 찾을 일이 지금까지는 없었다. 이 중에서 우체국은 아주 자주 가는 곳이기도 하지만 아주 요긴하게 이용하는 곳이다. 우체국은 은행을 대신해서 이용하기도 하고, 가끔은 편지를 보내야 할 때도 있고, 택배를 보내러 갈 때도 있다. 우체국에 가서 보면 나만 그런 것이 아닌 모양이다. 우리 동네 월평1동우체국에 들릴 때마다 느끼는 것은 "우체국은 한가할 것이라는 편견을 가진 사람"은 큰코다칠 만큼 이용하는 분들이 많다는 것이다. 항상 그렇지는 않지만, 번호표를 뽑고 한참 동안 기다려야 할 때도 있다.

우체국 창구의 중앙에는 항상 김 박스를 쌓아 놓고 판매를 한다. 그 김을 사 가는 사람을 직접 본 적은 거의 없는데, 김 박스의 높이가 "높아졌다, 낮아졌다" 하는 것을 보면 아마도 김을 사 가는 사람들이 꽤 있는 것 같다. 나

25

는 그 김을 샘플로 해서 집으로 배달해 주는 택배 서비스로 주문했던 적은 있지만 직접 구매해서 들고나온 적은 없다. 그렇지만 우체국에 들러 직접 구매해서 들고 가거나 마음이 가는 사람에게 보내주는 사람들도 꽤 있나 보다. 우체국 한쪽 구석에 칸칸이 넣어 놓은 작은 박스부터 꽤 큰 박스까지 포장용 박스의 숫자가 줄어드는 것과 에어캡 두루마리가 날씬해지는 것을 보면 우체국은 역시 마음과 마음을 연결해 주는 곳인 것 같다.

우리 동네 우체국은 정겹다. 김국장님은 담배를 피우지 않는다. 직전 국장님이 어찌나 담배를 피워댔던지 담배를 피우지 않는 것만으로도 담배를 피우지 않는 나로서는 무척 고마울 뿐이다. 창구에 사람이 없으면 얼른 앉아서 창구 업무를 하는 모습이 예사롭지 않다. 우체국의 보이지 않는 곳에서는 근엄한 국장님일지도 모르지만, 몇 명의 직원들과 시간제 근로장학생으로 와서 근무하는 대학생들까지 예닐곱 명이 함께 만들어 내는 화목한 분위기는 밖에서 보는 사람의 눈에도 서로 정겹게 근무하고 있다는 것이 느껴진다. 점심시간에는 근무자를 반씩 나누어 점심을 먹는데, 나름 규칙이 있었다. 오늘 먼저 먹은 사람들은 내일은 뒤에 먹고, 내일 먼저 먹은 사람이 모레는 뒤에 먹고 하는 것이 대단한 형식이나 절차가 아니라도 따뜻한 온기가 있는 직장이라는 것을 느끼게 해준다.

우리 동네 우체국은 베테랑들이 근무하는 우체국이다. 이제 퇴직을 얼마 앞두고 있는 분들이라고 하는데, 창구에 앉아 부지런히 일하는 손놀림을 보면 숙련된 데다, 친절함이 물씬 풍긴다. 다른 우체국도 그렇겠지만 우리 동네 우체국은 크게 예금보험창구와 우편창구로 나뉘어 있다. 은행이 멀기 때문인지 연세 지긋한 분들이 와서 이것저것 묻기도 하고, 공과금이며, 보험금이며, 통장에 넣기 위해 꼬깃꼬깃한 지폐들을 손으로 문질러 펴는 광경도 더러 보게 된다. 그 앞에서 함께 웃고, 함께 진지하게 응대하는 모습을 보노라면 오랜 연륜에서 뿜어져 나오는 깊음 같은 것이 있다.

우리 동네 우체국은 만남의 광장이다. 송, 이, 조주무관님 모두 정겹게 사람을 맞는 재주가 있다. 요즘 세상에는 인사만 잘해도 꽤 괜찮은 사람이다. 우리는 지금 웬만하면 모르는 체하고, 또 모르는 체 해주는 것이 배려라고 생각하는 시대를 살고 있다. 그럼에도 우체국에 가끔 들리면 그곳에는 반갑게 맞이해 주는 분들이 있고, 또 거기에서는 아는 듯 모르는 듯 지내는 분들에게도 반갑게 인사를 건네곤 한다. 동네 우체국이니까. 사실 우리가 사는 이 시대의 도시들에서는 바로 옆을 스치고 지나는 이들이라도 서로 아는 척하기가 어렵다. 그래도 우체국이라는 좁은 공간은 서로 마주치면 인사하기 좋은 곳이다.

우리 동네 금융이 있고, 일반우편, 그냥 등기우편, 빠른 등기우편이 있고, 국내택배가 있고, EMS가 있는 곳, 우리 동네 우체국에는 우리 동네의 공기가 흐르고 있는 곳이다.

03.
빠가사리 낚시

    어쩌다가 민물 매운탕집이라도 가게 되면 메뉴판에 있는 "빠가매운탕"이라는 메뉴를 보면 한 번 먹어볼까말까 망설이게 되는 녀석이 빠가사리다. 빠가사리는 맑은 물이 제법 많이 흐르는 강이나 하천에서 살지만 실제로 눈에 띄는 경우는 거의 없다. 혹여 눈에 띈다 해도 손으로 잡을 수 있는 놈이 아니다. 손으로 잡다가 등과 아가미 옆의 뼈처럼 생긴 지느러미에 쏘이면 그 아픔은 조금 과장을 하면 뼈를 깎는 수준의 아픔이 며칠간 계속된다. 그러니 쏘일까 봐 감히 잡을 엄두도 못 내는 놈이 빠가사리다. 빠가사리를 사전에서 찾으니 동자개라고 나온다. 지금까지 빠가사리는 당연히 빠가사리라고 알아 왔기 때문인지, 사전에 아무리 "빠가사리는 동자개의 사투리"라고 나와도 여전히 동자개보다는 빠가사리라는 이름이 익숙해서 오히려 빠가사리가 표준말 같고, 동자개는 듣도 보도 못한 낯선 이름일 뿐이다.

    낯선 동자개 말고, 친근한 이름의 빠가사리를 낚시로 잡는다는 것을 처음 들은 것은 사 년 전으로 거슬러 올라간다. 가까이 지내는 아주 친한 목사님이 1년에 한두 번은 옥천군 이원면 금강가로 빠가사리 낚시를 간다고 했다. 그동안 나는 낚시는 "몹시 한가한 사람들의 시간 죽이기" 쯤으로 이해하고 있었기 때문에 낚시하고 나하고는 굉장히 친해지기 어려운 일로만 여기며 살아왔다. 그러다가 빠가사리 낚시에 대한 호기심이 마구 일어나면서 민물고기를 끓이는 내음이 코끝에 닿는 것 같은 솔깃함에 이끌려 빠가사리 낚시를 위해 함께 출발했다. 주섬주섬 먹을 것을 챙기고, 설레는 마음으로 만나기로 한 장소에서 만나서 드디어 낚시로 빠가사리를 잡을 수 있다는 곳으로 갔다.

그곳에는 가족 단위로 강바람을 쐬러 온 사람들이며, 친구들과 온 사람들이 야외용 돗자리를 펴고 둘러앉아 음식을 먹기도 하고, 강에 들어가 다슬기를 잡기도 했다. 꽤 많은 사람이 강바람 쐬며, 쉬러 온 곳이었다. 우리는 준비해 간 먹거리로 배를 채우며, 빠가사리를 잡으려고 전의를 불태우며 어둠이 내리기만을 기다렸다. 빠가사리 낚시는 어둠이 내리고 삼십 분쯤이 지나야 한다는 고수의 말을 우리는 모두 진지하게 듣고 있었다. 겉으로야 진지하게 듣고 있었지만, 이미 마음은 무릎까지 잠기는 물에 들어가 낚싯대를 잡고 있었다. 그런데 고수가 가르쳐주기를 '감이 오면' 낚아채라는데, 낚시를 처음 하는 나로서는 그 놈의 '감'이라는 말이 도대체 이해가 안 됐다. 감이 올 때 낚아채라니! 무엇이 감인지, 그 감이 어떻게 오는지 그야말로 감이 잡히지 않는 '감'이었다.

그런데 갑자기 고수의 입에서 "어~~어"하면서 거의 수평으로 잡고 있던 낚싯대를 칠십 도쯤 세우니 낚싯줄 끝에서 뭔가 마구 퍼덕거리는 것이 어둠 속에서도 어렴풋이 보였다. 빠가사리였다. 빠가사리는 낚시로 잡아도 낚싯바늘에서 빼내는 것도 쉽지 않았다. 쏘일까 봐 코팅 처리가 된 면장갑을 끼고 뼈처럼 생긴 지느러미를 니퍼로 잡고 조심조심 다루어서 겨우 빼냈다. 예쁘고 귀여워서 조심조심 다루는 것이 아니라 두려워서 조심하는 것이 역력했다. 낚싯대를 물에 펼쳐 든 사람은 네 사람인데 고수만 계속해서 "어~~어"하면서 물가로 나왔다 들어갔다를 반복했다. 1시간쯤 지나자 잡은 놈이 오십 마리를 넘었다. 동행했던 초보 낚시꾼들은 겨우 한두 마리를 잡는 데 그쳤는데, 고수는 사십 마리를 넘게 잡았다.

오늘은 네 번째 빠가사리 낚시를 왔다. 준비해 간 음식을 먹으며 다시 어둠이 내리기를 기다렸다. 어둠이 내리자, 기온이 내려가고, 제법 바람이 세게 불기 시작했다. 깜깜한 밤에 낚시찌도 없이 낚시하는데, 꽤 강한 강바람은 그놈의 '감'이라는 것을 완전히 무력화시켰다. "어~~어"를 수도 없이 외쳤던 그 고수도 바람 앞에서는 별로 힘을 못 쓰는 것 같았다. 게다가 모터를 장착한 소형 배가 조용한 강가에 굉음을 내면서 잔잔히 흐르는 물에 파문을 일으키며 어둠 속을 뚫고 강줄기를 타고 계속해서 올라갔다 내려왔다 하면서 방해했다. 두어 사람이 타고 있는 것 같은 그들은 다슬기를 싹쓸이하는 사람들이었다. 이 방해꾼들의 정체를 의식하고 있을 즈음 자신들이 방해하고 있다는 것을 깨달았는지 어둠 저쪽에서 "미안합니다"라고 말했다. 오늘은 한 시간 남짓 낚시를 던져 고수가 잡은 빠가사리는 다섯 마리다. 다른 사람들은 허탕 쳤다.

그래도 빠가사리 다섯 마리가 주는 의미보다는 시원한 강바람이 주는 감미로움과 시골 강변에 쏟아져 내리는 별빛과 또 이렇게 강가에서 함께 하고 싶은 사람들과의 정겨운 식사와 따뜻한 대화를 통해서 얻은 쉼의 의미가 훨씬 컸다. 우리가 그 강에서 빠가사리를 오십 마리도 넘게 잡았던 때와 겨우 다섯 마리 밖에 잡지 못한 오늘과 기쁨의 차이는 거의 없었다.

참 좋다!

너무 맑다!

너무 시원하다!

내년에도 또 옵시다!

이구동성으로 이렇게 말하면서 그 강바람을 뒤로하고 돌아왔다.

04.
그의 아내의 고백

그는 벌써 수년 전에 간경화 판정을 받았고, 그런 판정을 받은 후에도 그는 하루도 거르지 않고, 몇 날 며칠, 계속해서 쓰러질 때까지 두 달쯤 술을 마시다가 병원으로 실려 가서 약물에 의지해서 겨우 술의 마술에서 벗어나는가 싶다가도 병원에서 나오면 얼마 지나지 않아 다시 술을 마셨다.

.

간경화가 오면 자연스럽게 간암으로 진행이 되는지, 그가 술을 계속해서 마셔서 더 신속하게 진행이 되었는지 간암으로 진행하여 투병한 지도 꽤 됐다. 간혹 간성혼수에 빠지기도 해서 병원으로 실려 가 입원했다가 퇴원하기를 반복하더니 복수가 차서 물을 뺐다고 말했다. 급기야 담당 주치의가 준비하라는 말을 했노라고 한지 수개월이 지났다. 점점 마르고, 힘이 빠져가는 것을 나는 일주일에 한 번, 어떤 때는 이 주일에 한 번꼴로 병원과 집을 방문하며 지켜봤다.

어찌나 말랐는지 안쓰럽기도 하고, 너무 불쌍하고, 마음이 아파서 마땅한 말이 생각나지 않을 때가 많았다. 그냥 그의 손을 잡고 "힘내세요!"라는 말을 참 많이 했다. 찾아가면 반가워하고, 주저리주저리 말하는 것을 보면서

"그래도 함께 있어 주는 것이 힘이 되나보다"라는 생각이 들어서 더 자주 찾아갔다.

　간혹 그의 집에서 만나는 그의 아내는 20년 전이나 지금이나 그에게 아주 냉랭했고, 그를 찾아가는 나에게도 아주 냉랭했다. 지난 20년 동안 한 번도 마음을 열어준 적이 없고, 마음을 열고 싶은 의지도 없어 보이던 그의 아내가 전화할 일도 없었지만, 전화를 한다는 것을 상상도 못 했는데, 갑자기 그의 아내로부터 전화가 왔다.
　"목사님, 그 사람이 이상해요, 와서 기도 좀 해주세요."라고 울먹이는 소리로 짧게 말하고는 전화를 끊었다.

　서둘러 병원으로 갔더니 병실에는 의료진들이 둘러서 있었다. 곧이어 1인실로 옮겨졌다. 병실에 입원해 있는 암 환자들은 암암리에 1인실로 옮겨지는 사람이 있으면, 그에게 마지막 시간이 왔다는 것을 알고는 다음 차례는 누구인가 하고 병실을 둘러본다고 하는 말을 들은 적이 있다.
　그도 1인실로 옮기라는 주치의의 말이 "이제 죽음!"이라고 말하는 것처럼 느껴졌는지 아무 말도 하지 않고, 신음 소리만 냈다. 나는 이미 찬 기운이 느껴지는 그의 손을 잡고 기도했다. 나는 그가 지금까지 하나님이 말씀하시는 방향으로만 걷지 않고, 도망가고, 멀리멀리 돌아서 떠돌던 외톨이 같던 그의 인생길이 지금부터라도 옆으로 빠지지 않고 하나님 앞으로 뚜벅뚜벅 걸어가 하나님 품에 안기기를 기도했다.

내가 기도하는 동안 그는 아무 말도 안했다. 아니 이미 말을 할 수 없었다. 겨우 눈만 깜빡거리고 있었다. 그가 신자로 등록해 있는 교회의 젊은 목사님 부부가 왔다. 그 젊은 목사님은 그의 아내에게 마지막으로 하고 싶은 말을 하라며 "사랑한다고 말씀하세요."라고 했다. 이 부부의 삶을 모르는 사람이라면 이 절체절명의 시간에 무슨 사랑타령인가라고 비웃을 수도 있겠지만, 이 부부를 오랫동안 지켜본 나는 그 목사님이 "사랑한다고 말씀하세요."라는 말이 어쩌면 이 순간에 가장 적절한 말일 수도 있겠다 싶었다.

이 부부는 둘 다 고아로 자랐고, 중매로 만나 결혼해서 세 명의 자녀를 낳고 살았지만 젊어서부터 알콜중독인 남편을 원수, 원수, 상 원수로 여기며 살았다. 평소에도 말수가 없는 그의 아내는 아무 말도 하지 않았다. 아무 말도 안 하고 연신 눈물만 훔치고 있더니 갑자기 목 놓아 소리쳤다.
"나에게 한 번만 미안하다고, 잘못했다고 말하고 가요! 나에게 딱 한 번이라도 미안하다고, 잘못했다고 말하고 가요!"

그 말이 그의 아내가 그에게 가장 하고 싶었던 말, 죽음의 목전에라도, 임종의 그 순간에라도 정확하게 전하고 싶었던 말 같았다. 사랑한다고 말하는 고백보다 더 큰 울림으로 다가왔다. 그 상황에서 눈물을 참는다는 것은 너무 힘든 일이었다. 남편을 보내는 마지막 순간에 그의 아내는 남편을 용서하고 싶고, 마음으로 받아주고 싶어서 절규했다. 이제 말도 할 수 없이 가물가물 생명이 꺼져가는 삶과 죽음의 경계선에 대고 외치는 외침이 나의 귀에는 이렇게 들려왔다.

"이제 당신에게는 미안하다는 말을 할 수 있는 기회도 없군요. 나는 용서하고 싶은데요!"

"이제 당신에게는 잘못했다는 말을 할 수 있는 기회도 없군요. 나는 용서하고 싶은데요!"

05.
자전거

요즘 운동으로 자전거를 타고 있다.

내가 살고 있는 도시의 사람들은 "우리 도시의 자전거 도로가 전국에서 가장 잘 되어 있다"고 한다.

저마다 사람들은 자기네 동네, 자기네 도시가 최고라고 해야 아파트 값이라도 올라가고, 하다못해 좋은 동네, 좋은 도시에 산다는 말이라도 들으려는 속셈을 가지고 자기 동네 자랑하기 바쁜 시대인지라 이 말은 진짜라고 믿지는 않지만 내가 살고 있는 도시는 자전거를 타기에 참 좋다.

우리 도시의 사람들은 전 시민이 시에 의해서 자전거 보험의 피험자로 자동 가입되어 있다고 한다.

내가 자전거에 관심을 갖게 된 것은 자전거를 타는 것이 사람의 몸에서 화학공장이라고 하는 하체 운동에 많은 도움이 된다는 각종 미디어 매체들이 던져주는 정보에 귀가 솔깃했기 때문이다.

"자전거를 한 번 타 볼까?"하는 마음이 서서히 자리 잡고 있을 즈음 목사님이자, 대학교수인 분이 자전거 얘기를 꺼냈다. 소위 사람들이 말하는 "유명 메이커" 자전거를 세 대를 가지고 있다고 했다.

단순한 나는 그 얘기를 들으면서 자전거를 세 대 가지고 있더라도 한 번에 세 대를 동시에 탈 수 있을 것 같지는 않아서 "안 타는 자전거 있으면, 저 한 대 주세요."라고 했더니 너무도 쉽게 가지러 오라고 했다.

그런데 아무리 기다려도 언제 오라는 말을 하지 않으셨다. 하루, 이틀, 일주, 이 주가 지나도 연락이 없어서 "줄 마음이 없으신가?"라고 생각하다가 "문자라도 한 번 보내보자"라는 마음으로 문자를 보냈다. 역시 대답이 없었다. 며칠이 지난 후에 답장이 왔다.
"세 대 중에 안 타는 자전거가 있기는 한데, 너무 오래된 자전거라 실례가 될까 봐 연락을 못했습니다."라고 답장이 왔다.
"저는 처음 자전거를 타려고 하니까 주실 수 있으면 오래되었어도 괜찮으니 그냥 주세요."라고 답장을 보냈고, 다시 답장이 왔다.
"그럼 0월 0일 오후에 제가 근무하는 학교로 오세요."

드디어 약속한 날에, 약속한 장소에 가서 함께 차를 마시고, 자전거를 나의 차에 실어 주어서 기쁜 마음으로 고맙게 받아왔다. 아주 오래된 자전거지만 내가 보기에는 충분히 탈 만한 자전거였다. 자전거포에 갔더니 이것, 저것 손질도 해주고, 기름도 쳐주면서 "오래되었지만 명품이니 잘 타실 수 있을 것 같습니다."라는 말을 해주었다. 우리가 어릴 때 곳곳에 있었던 "삼천리 자전거" 밖에 모르는 나는 낯선 상표의 자전거를 받아 나의 첫 자전거로 삼았다.

자전거에 대한 해박한 지식을 가지고 있는 분이 말하기를 자전거 매니아들 사이에는 잘 알려진 자전거라고 했다. 자전거를 받고 매주 월요일 오후에 자전거를 타기 시작했다. 생각보다 힘든 것은 안장에 닿는 엉덩이 부분이 엄청 아팠다. 엉덩이의 아픔을 참으면서 페달을 밟다 보면 엉덩이만 아픈 것이 아니라 엉덩이의 아픔이 허리까지 서서히 퍼져 올라왔다.

내가 처음 자전거를 만난 것은 초등학교(그때는 국민학교라고 했었다) 6학년 때였다. 요즘 아이들은 대부분 자라는 과정에서 필수 과정처럼 통과하는 세발자전거 시절이 나에게는 없었고, 한참 자란 후에 두 바퀴가 달린 두발자전거를 접하게 되었다. 나뿐만 아니라 우리 동네의 내 또래의 아이 중에는 세발자전거를 타면서 자란 아이는 한 명도 없었다.
두 바퀴로 가는 소위 두발자전거를 가진 친구도 나의 가까이에는 없었다. 그런데 6학년 어느 날 한 친구가 자전거를 타고 와서는 나에게 자전거를 가르쳐 주겠다고 했다.

나는 거의 그 친구에게 이끌려가다시피 읍내의 남산 문화원의 넓은 마당으로 올라갔다.

그 친구가 뒤에서 잡아주면서 밀었고, 그 친구가 시키는 대로 페달을 밟았다. 바퀴가 앞으로 굴러가는 것쯤이야 신기해할 것도 없었지만 사람이 그 위에 앉았는데도 넘어지지 않고, 앞으로 굴러간다는 것이 너무 신기하고 놀라웠다.

그날 자전거를 배우는 시간은 길지 않았다. 자전거를 탈 수 없는 아이에서, 자전거를 타는 아이로 바뀌는 데는 채 일 분도 안 되었다. 자전거가 그냥 타지는 것이었다. 자전거에 올라타고 앉자마자 친구가 밀어서 앞으로 가는데, 페달을 밟았더니 계속해서 넘어지지 않는다는 것이 전부였다. 그날부터 나도 자전거를 탈 줄 아는 아이가 되었다.

그 뒤로도 나는 자전거를 가질 수 없었다. 그런데 중학교 3학년 때 내가 태어나기도 전에 시집을 가신 누님 집에서 두어 달 통학을 하게 되었다. 버스가 다니는 길도 아니고, 그렇다고 걸어 다니기에는 먼 길이어서 누님 집에 있는 자전거로 통학했다. 지금 생각해 보면 약 5-6km정도 되는 거리여서 그랬는지 자전거를 타면서 엉덩이가 아프다는 것은 전혀 모르고 다녔다. 당시에 가장 큰 어려움은 페달을 밟는 다리의 힘을 자전거 바퀴에 전달하는 자전거 체인이 아주 자주 벗겨진다는 것이었다. 조금 가다보면 체인이 벗겨져 체인을 먼저 뒷바퀴의 톱니에 맞추어 걸고, 페달과 연결 되어 있는 앞 톱니바퀴에 살짝 걸은 다음에 손으로 페달을 돌리면 체인이 다시 정상 위치로 들어갔다. 체인이 벗겨지고, 또 벗겨지면 등교 시간에 늦을까 봐 긴장하여 땀이 나고, 손에는 검은 구리스가 묻고, 손에 묻은 구리스가 교복에까지 꼭 흔적을 남겼다. 지금 생각해 보면 자전거포에 가면 쉽게 해결되었을 텐데, 그때는 체인이 벗겨지는 것이 고장이라는 생각도 못했고, 그것 때문에, 자전거포에 간다는 것은 상상조차 못 했었다.

그리고 한동안 자전거를 타지 않았다. 그러다가 대학에 가니 친구들이 하이킹을 가자고 했다. 자전거는 자전거포에서 빌려준다고 했다. 자전거포에 가면 자전거가 자전거포 앞에 줄지어 세워져 있기도 하고, 자전거가 천장에 굴비를 꾸러미로 꿰어 걸어 놓은 것처럼 걸려 있기도 했는데, 그중 한대를 골라잡고, 가격을 흥정해서 빌리곤 했다. 친구들과 몇 사람이 같이 가서 몇 대를 빌릴 테니 저렴한 임대료를 받고 빌려달라고 흥정을 한 후에 학생증과 함께 돈을 내고 자전거를 한 대씩 골라 타고 씽씽 달리기 시작했다. 그때 하이킹을 갔던 곳이 신탄진이나, 금강유원지 등으로 갔는데 신탄진은 가볍게 다녀왔지만, 금강유원지는 좀 벅찬 코스였다.

그런데 시간이 아주 많이 흐른 후에 다시 자전거를 타려니 처음에는 엉덩이가 아파서 한 번에 5km도 못 가서 멈춰 서야 했다. 그렇지만 다음에는 7km를 가서 쉴 수 있었고, 다음에는 10km를 가서 쉴 수 있었다.
자전거를 타면서도 "아픈 만큼 성숙한다." "아프니까 청춘이다."라는 말을 떠올리면서 페달을 밟는 기분은 상쾌하고 즐거웠다.

타다 보니 이제 왕복 30km까지 탈 수 있게 되었다. 이제 한 번에 왕복 60km에 도전하고 싶고, 자전거도 좀 더 잘 나가는 자전거에 관심이 가기 시작했다.

06.
개사랑!

개를 키우다 보면 "영리하다, 말을 잘 듣는다, 충성스럽다, 한결같다"와 같은 생각이 들 때가 많다. 그래서 그런지 다양한 반려동물 중에 개를 키우는 사람들이 가장 많고, 방송이나, 매체를 통해서 소개되는 경우가 많다. 반려동물의 종류도 취미만큼이나 다양하지만 그래도 반려동물 중에서 개만큼 사람과 깊은 친밀도를 유지하며, 가장 가까이 사는 동물도 없는 것 같다.

우리나라 사람들이 흔히 쓰는 욕설 중에는 "개"를 붙여서 퍼붓는 욕설이 꽤 된다. 그렇게 퍼붓는 것을 구수하다느니, 정감이 있다느니 하는 말쟁이들도 있지만 "개"라는 접두어가 들어가면 기분 좋은 말은 아니었다. 그런 말은 대부분은 욕을 퍼부을 때 쓰는 말이었다. 듣는 사람도 기분 나쁘고, 그런 욕설을 쓰는 사람조차도 고운 시선으로 보기 어려웠고, 지금도 그렇기는 마찬가지다.

그런데 요즘 아이들은 곧잘 "개맛있다, 개좋다, 개재밋다"와 같은 말을 쓰는 것을 자주 듣게 된다. 처음에는 적잖은 당혹감과 불만과 안타까움이 있었지만 이미 이 시대의 언어가 되어 버렸고, 이미 그런 말이 특별하달 것이 없고, 이미 누구라도 알아들을 수 있고, 이미 대한민국의 보통 사람들이라면 누구라도 쓸 수 있는 말이 되어 버렸다. 모든 사람이 다 아는 "집 나가면 개고생이다."라든지, "그 사람 개죽음을 당했다."와 같이 표현은 강조하는 의미로 잘 쓰이고 있어서 굳이 언급하면 "라떼"의 언어라고 비아냥거릴 정도이다. 그렇지만 아직도 나의 생각 속에는 단어의 앞에 "개"를 붙이면 욕설 내지는 귀에 거슬리게 들리고 불편한 마음이 있음을 부인할 수 없다.

그런데 세상이 바뀌고, 언어가 바뀌었다.
"개"가 이렇게 좋은 의미가 될 줄을 누가 알았겠는가?
단어에 "개"라는 접두어를 붙여 최상급의 의미로 둔갑시키는 것은 소위 반려동물 중에 단연 1위인 개에 대한 좋은 이미지 덕분이 아닐까?
요즘 사람들은 반려견은 "개"라고 부르지도 않는다.
반려견은 가장 낮추어 불러도 최소한 "강아지"라고 부르고, 개의 주인을 아빠, 엄마, 누나, 형과 같이 부르는 것을 보면 개의 격이 거의 사람과 동격 수준이 되어 있다. 그렇게 부르는 것은 개가 쉽게 이해하고, 기억할 수 있도록 배려하는 것이라고 하면서 그렇게 부르는 것의 타당성을 입증하기 위해 "반려견 전문가가 그렇게 부르는 것이 좋다"고 했다는 말을 종종 듣는다.

개 격이 얼마나 올라갔는지를 가늠해 볼 수 있는 현상들로 이미 개의 화장터도 생기고, 개의 장례식장도 생기고, 개를 매장할 공동묘지도 엄연히 존재하고 있다. 이런 추세라면 곧 개에게 투표권을 부여하자는 주장도 나올 법하다. 만약 개처럼 짖을 수 있는 사람이 나온다면 아마도 아이돌이라고 치켜세우고, 칭송할 날도 멀지 않았다는 생각이 든다.

　나도 개를 키운 적이 있고, 개가 귀엽고, 영리하다는 것을 알고 있다. 개를 키우는 것이 이상한 일도, 이상하게 볼 일도 아니고, 개를 키우는 사람은 점점 더 늘어날 것이다. 유별난 개 사랑이 바로 앞에서 벌어져도 조언하거나, 충고할 일도 아니다. 유별난 개 사랑을 하는 사람과 개를 개사랑하는 것이 못마땅하게 보이는 사람들이 함께 잘 공존하고 존중하는 세상이 되길 바라면서 개를 개사랑하는 것보다, 사람들을 개사랑하는 세상이 되길 바란다. 가족을 넘어 이웃까지도 "개사랑"하는 사이로 살아갔으면 하는 마음이 간절하다.

07.

다섯 시 반

제비가 그려진 빨간 우체통은 한 동네의 입구를 알리는 흔한 상징물이었던 때가 있었다. 그런데 어쩌다보니 하나둘 사라지고, 이제는 우체국 앞에서 마치 "여기가 우체국입니다."라고 말하듯이 서 있는 진귀한 표지판이 되었다. 사실 우체통이 있는지도 모르고 사는 사람이 더 많을지도 모르겠다.

그런 우체통이 우리 동네에도 딱 하나 있다. 과거에는 편지를 써서 우체통에 넣는 것은 몹시 설레는 일이었다. 손 편지의 답장을 기다리는 마음을 어떻게 문자메시지 답장이나, 카톡 문자 답장이나, 이메일의 답장에 비유할까? 그땐 편지도 편지였지만 청소년들의 취미를 묻는 질문에 "우표수집"이라고 쓰는 아이들이 참 많았다. 우체국 앞에는 새벽부터 교복을 입은 아이들이 특별하게 발행되는 기념우표를 사기 위해서 길게 줄을 서서 기다렸다. 마치 스타벅스 앞에서 사은품을 받기 위해서 이른 새벽부터 줄을 서서 기다리는 젊은이들과 대형마트의 행사에서 파격할인 제품을 사기 위해 길게 줄을 서서 차례를 기다리는 어른들처럼 그렇게 줄을 서서 우표를 샀다. 그렇게 산 우표는 급할 때는 편지에 붙이기도 했지만 아까워서 못 붙이고

스크랩북에 잘 끼워 넣어 간직했다.

편지가 멀리 떨어져 지내는 가족이나, 친구나, 연인들 사이에 유일한 소통 수단이었던 그때는 참 많이 친했던 우체통이었는데 이제 나에게도 그렇게 관심이 가는 존재는 아니다. 내가 오가는 골목길에 있는 우체국, 그 앞 구석에 서 있는 우체통 앞을 하루에도 몇 번씩 지나다녔지만, 우체통이 있는 줄도 몰랐었다. 거의 관심 없이, 아니 있는 줄도 모르고 15년 넘게 지나다녔다. 그런데 어느날 그 우체통이 눈에 들어왔는데 아무도 그 근처에도 가지 않는다는 것을 알게 됐다.

바쁜 것도 없는 데도 늘 걸음을 재촉하며 살다보니 그렇게 됐다. 어느 날 그 앞을 지나다가 드디어 빨간 우체통에 관심이 갔다. 우체통은 그냥 말없이 묵묵히 그 자리에 서 있었다. 관심을 가지고 보니 햇볕이 그 빨간 철 몸뚱이를 녹일 듯이 내리쬐는 날도, 몸뚱이를 파고 들어갈 듯이 소나기가 쏟아지는 날도, 봄, 여름, 가을, 겨울 할 것 없이 그냥 말없이 서 있는 모습이 몹시 쓸쓸해 보이기도 하고, 변함없이 한 곳에 서 있는 것을 보면 고집이 세게 보이기도 하고, 빠른 걸음으로 지나다니는 사람들을 비웃는 것 같기도 하고, 골목에서 벌어지는 일들을 낱낱이 기억하는 역사의 증인같이 느껴지기도 했다.

그런데 이런 생각이 들었다.
"저 우체통은 열리기는 할까?"

"저 우체통을 열 일이 있을까?"
"저 우체통은 누가 열까?"

이런 쓸데없는 관심이 생겼을 뿐 아직까지 우체통에는 다가가지 못했다. 아니 다가갈 일이 없었다. 내 안에 조그마한 관심이 싹텄을 뿐이다. 나는 우리 동네 우체국에 일주일에 한 번은 꼭 가고, 어떤 때는 일주일에 서너 번도 더 갈 때가 있지만 거의 의식도 못하고 드나들지만 가끔은 우체국에 들어가며, 나오며 우체통을 흘깃 쳐다봐 주는 것이 전부다.

통장도 정리하고, 프린터로 뽑은 편지도 부치고, 택배도 부치고, 등기우편물도 부치러 가곤 한다. 우리 동네 우체국은 꽤 바쁘다. 우리 동네 사람들이 많이 찾는 우리 동네의 유일한 금융기관이기 때문이다. 우체국에는 금융창구와 우편창구가 있는데, 우편과 택배 업무를 하는 우편창구는 주로 젊은 사람들이 많이 이용하기 때문에 소통에 어려움이 없지만, 금융창구는 동네 어른들이 자주 찾는 곳이라서 그런지 더러 소통의 어려움을 겪는 것을 보게 된다. 금융창구에 앉은 두 직원은 소통이 잘 안되는 어르신들을 위해 안 보이는 글씨를 읽어주기도 하고, 아들인지, 딸인지 전화를 걸어 뭔가 물어보다가 들리지 않는다고 하면 대신 들어주기도 하고, 가끔은 예금을 찾으려고 하는데 글을 몰라서 선뜻 쓰지 못하는 분들의 손이 되어 주기도 한다.

"요즘 사람들은 왜 연로하신 어른들에게는 차가울까?"라는 생각을 하다가도 이런 광경을 보게 되면 "아니야, 요즘 사람들도 충분히 따뜻한 사람들이 많이 있어."라고 혼잣말을 하기도 한다. 우리 동네 우체국 풍경에서 가끔 눈이 되어 주고, 귀가 되어 주고, 손이 되어 주는 우체국 사람들의 따뜻한 마음이 고마울 뿐이다.

이렇게 우체국을 드나들다 보니 우체국 앞의 우체통도 정겨운 눈으로 바라보게 되었다. 우체국 안에서 바쁜 시간이 지나고 한숨을 돌릴 때쯤 우체국 직원이 열쇠를 들고 우체국 앞으로 나간다. "17:10", 우체통이 열리는 시간이었다. "지금은 바쁘니 기다려주세요."라고 말하고 온 종일 기다리게 세워뒀다가 퇴근 무렵에야 비로소 "많이 기다리셨군요."라고 말하는 것처럼 우체통 옆구리에 있는 열쇠 구멍에 열쇠를 꽂고 돌렸다. 우체통은 제대로 열렸다. 우체통은 그 속이 차 있거나, 비어있거나 무조건 평일에는 매일 열린다고 했다. 수북이 쌓인 우편물이 있는 것도 아니고, 아예 아무것도 없는 날도 가끔 있지만 다섯 시 십 분은 우체통이 열리기로 되어 있는 시간이라고 쓰여 있었다.

요즘은 우편도 우표보다는 우푯값을 카드로 계산하거나, 돈을 내면 값을 냈다는 문자메시지와 우편물에 명찰 같은 표 딱지를 컴퓨터로 찍어내서 붙이기 때문에 딱히 우체통이 필요하지 않을 성싶기도 하다. 그래도 우체통이 그 자리에 서 있는 것은 문득 늦은 시간에 편지를 보내고 싶은 사람이 생기면, 그리고 우체국 문을 닫은 주말에 떠오른 마음을 그대로 손 글씨로 보내고 싶으면, 여행을 왔다가 바로 이곳에서 느끼는 마음을 그대로 전달하고 싶어서 쓴 글이 있다면 어쩌랴! 평소에는 아는 척도 안 했던 우체통이지만 손을 내밀어 잡을 수밖에 없지 않은가?

 아무도 찾지 않는 것처럼 보이는 우체통으로 보이지만 그곳에 넣으면 다섯 시 십분, 아니 하루 중의 어느 시간에 열리는지 잘 몰라도 반드시 열리고, 꼭 전하고자 하는 마음이 전달되리라는 것을 믿는 사람들이 여전히 살짝살짝 다녀가나 보다.

08.
아들 죽이기

살인 얘기는 아니고 살아가는 얘기다.

오늘 점심시간에 동네 식당에 갔다.

몇 개의 테이블에 손님이 있었는데 그중의 한 테이블에 아는 분들이 식사하고 있었다. 그들은 아버지와 아들, 그리고 아버지의 사업장에서 함께 일하시는 분 이렇게 셋이 함께 식사하고 있었다.

각별하게 알고 지내는 것은 아니지만 마주치면 인사하고, 가끔은 가벼운 대화도 주고받는, 어느덧 알고 지낸 지 거의 20년 가까이 된 분들이다. 지난 20년 가까이 되는 시간 동안 아들은 약사인 아버지를 도와 온종일 키보드를 두들겨 처방전을 입력하는 일을 하고 있다. 대학을 졸업하고 줄곧 그 일을 하고 있는데 취업 대신에 아버지와 같이 일하는 것을 택했는지 그 일을 할 수밖에 없었는지는 20년이라는 세월이 흘러도 물어볼 수는 없었다.

그 긴 시간 동안 단순히 반복하는 일을 하면서도 특별히 다른 시도를 하지 않고 꿋꿋하게(?) 그 일을 계속하고 있는 것을 보면 대견하기도 하고, 부자

간에 얽힌 동료애 같은 것이 진하게 작용하고 있는 것 같기도 하다.

그런데 오늘 점심을 먹고 난 후 아들이 커피를 뽑으려고 식당 한쪽에 있는 커피머신을 향해 일어섰다.

그런데 항상 컴퓨터 앞에만 앉아 있던 그의 걸음걸이를 보고 깜짝 놀랐다. 아니 놀라움을 넘어 충격을 받았다. 걷는 것이 직립이 아니고, 건강한 걸음이 아니었다. 장애가 있는 것도 아닌데, 매일 의자에만 앉아 있고 운동을 하지 않아서일까?

엉거주춤, 뒤뚱뒤뚱 걷는 그를 보며 갑자기 나의 속에서 나도 모르게 튕겨 나오듯이 떠오른 생각이 있었다.

"저분 아들을 죽이고 있는 것 같네."

물론 말로 표현하지는 않았다.

40대 후반의 아들이라도 얼마든지 아버지 밑에서, 아버지와 같이 일할 수도 있고, 또 결혼도 미루거나 안 했을 수도 있지만 벌써 몸이 균형을 잃었고, 다리는 절고, 허리는 구부정한 채로 걷는 것이 몹시 힘겨워 보였다. 그 광경을 보는 것만으로도 몹시 마음이 아팠다.

아들을 사랑하지 않는 아버지가 어디 있으며, 아들의 미래를 걱정하지 않는 아버지가 어디 있고, 아들의 미래를 멋지게 치장하지 않는 아버지가 어디 있을까?

그러나 혹시 우선 먹기는 곶감이 달다고 아버지는 지금 당장 직장이 없는 아들에게 일자리를 제공하고, 아들은 아버지를 돕는 것으로 충분히 만족하며 살아가고 있는 것은 아닌지 마치 이 시대의 우울한 한 장면을 보는 것 같아서 안타까움이 몰려왔다.

　자식을 키우는 사람은 누구도 흰소리할 수 없고, 자식의 인생을 안내하는 일엔 늘 조심스러운 고민을 앞세우지 않을 수 없고, 자식의 미래를 생각하면 늘 숙제를 가슴에 가득 안고 사는 것 같은 마음이 부모의 마음이라는 것을 조금은 안다. 아마 그분의 마음도 그러리라는 것을 알면서도 중년이 되어가는 젊은이의 걸음걸이를 보노라니 적잖이 신경이 쓰였다.

09.
약속을 지킨다는 것은

아내가 고등학교 동창 친구들과 블라디보스톡으로 여행을 간다고 루블화를 환전해 달라고 해서 은행에 갔다. 루블화는 달러나, 유로화처럼 아무 은행에서나 환전할 수 있는 화폐가 아니었다. 루블화가 있다는 은행을 찾아가서 번호표를 뽑고 기다리다가 순서가 되어 은행 직원 앞에 앉았다. 여권을 내밀면서 루블화를 환전하러 왔다고 했더니 자판을 두들기고 모니터를 들여다보던 은행 직원이 말했다.

"안 쓰시는 계좌가 있네요."

"그래요? 저는 이 은행에 계좌가 있다는 것을 전혀 생각도 못 하고 있었는데요."

"돈이 꽤 많이 있는데요."

"얼마인데요?"

"안 쓰시는 계좌치고는 많은 돈이 있습니다."

큰돈은 아니어도 아주 적은 돈도 아니어서 알려준 것만으로도 몹시 고마웠다. 기억 속에는 전혀 없었고, 전혀 생각도 못 했던 일이라 감사하다는 말을 건넸다.

은행 직원은 나의 감사하다는 말을 받아서 "그럼 카드 하나만 만들어주세요"라고 말했다. 현재 사용하는 카드도 있고, 평소에 여러 개의 카드를 사용하는 것이 오히려 도움이 안 된다고 생각하고 있었기 때문에 굳이 카드를 만들 필요가 없었다. 그렇지만 고마운 마음에 약간의 망설여짐을 속으로 감추고, 적어도 겉으로는 아주 흔쾌히 동의했다.

"그래, 고마운 마음을 이렇게라도 표현해야지"라는 마음으로 카드를 만들어 주기로(?) 하고 카드 발급에 필요한 서류에 서명했다.

그동안 안 쓰다가 방금 찾은 통장이 다른 지점의 계좌여서 나를 응대해 주는 그 직원의 권유로 통장을 다시 개설하는 형식을 빌려 방문하고 있는 지점의 계좌로 바꾸기로 했다. 그런데 다음 일정도 있고 해서 통장 개설은 추후 방문해서 하겠다는 약속을 하고 은행을 나왔다.

며칠 사이에 카드도 발급돼서 배송받았고, 마침 시간이 좀 나서 약속을 지키기 위해서 다시 그 지점을 일부러 방문했다. 주차장은 몹시 복잡해서, 주변을 몇 바퀴 돌다가 유료 주차장에 겨우 주차하고 은행에 들어섰다.

"어서 오세요, 번호표를 뽑고 기다리시면, 차례대로 처리해 드리겠습니다."

"네에"(나는 지금 처리해 달라고 온 것 아닌데.)

"저는 저기 저 창구에 있는 000직원에게 통장을 만들어 주기로 해서 왔습니다."(물론 나의 통장이었다)

"기다리시면 지금 처리하는 일이 마무리되면 도와드리겠습니다."

"네에"(나는 도움 받으러 온 것 아닌데.)

내가 뽑은 번호표는 122번인데, 벌써 131번까지 불려갔다.
시간은 마구 흘러서 30분이 훌쩍 넘어갔다.
고마운 마음에 그 직원의 실적에 조금이라도 도움이 되려고 필요도 없는 카드도 발급받고, 이제 통장을 만들어 주고, 다음 스케줄에 맞추어 이동해도 충분한 시간이라고 생각했었는데, 40분이 넘어가니 초조해지기 시작했다.
내가 통장을 만들어, 실적에 조금이라도 도움이 되어 주려고 하는 그 직원은 나의 초조함은 아랑곳 않고 여전히 한 사람의 고객과 열심히 부드러운 분위기 속에서 간간이 웃어가면서 일 처리를 하고 있었다.

나는 초조함과 함께 마음에서 일어나는 갈등을 잠재우기가 쉽지 않았다.
"다음에 다시 오기로 하고 나와야 하나 말아야 하나!"
안내도 하면서, 은행 경비도 하는 제법 건장한 청원경찰이 약간 안타까운 표정으로 다가와 "조금만 기다리세요."라는 말을 두어 번 해주었다.

45분이 지나서야 내가 만나려고 하는 직원이 나를 향해서 오라고 미소를 지으며, "이리 오세요"라고 했다.

다가가서 의자에 앉자마자 먼저 나의 사정을 얘기할 수밖에 없었다.
"제가 지금 다음 스케줄이 있어서 5분 정도밖에 시간이 안 됩니다."

"5분에는 다 처리가 안 될 것 같은데 어쩌죠? 10분 정도는 걸릴 것 같은데, 제가 처리해 놓으면 다시 방문해 주실래요?"

"글쎄요, 어떻게 하는 것이 좋을까요?"(내가 처리를 받는 것이 아니고, 처리를 당해주러 일부러 왔다고요.)

"약속을 지키기 위해서 왔으니 그냥 10분 내로 빨리해 보세요."

"네에? 아하!"

그 직원은 나를 전혀 기다리지 않은 표정이었다.

"제가 며칠 전에 환전하러 왔다가 저도 모르는 통장을 찾아 주셔서 고마운 마음에 카드 만들고, 이 지점에서 통장을 개설해주겠다고 한 사람입니다."

그제야 생각이 난 것 같았다.

"아~~, 네. 그 약속을 지켜주셨네요. 정말 감사합니다."

"약속은 꼭, 지켜야지요."

약속을 지킨다는 것은 대가를 지불하는 것이었다.

주차 공간이 없어서 빙빙 돌다가 겨우 주차한 주차비 1,600원, 다음 스케줄까지 여유 있던 시간이 오히려 초조하게 쫓기는 처지가 되었고, 10분쯤 늦겠다고 양해를 구하는 연락을 해야 했다. "무엇을 도와 드릴까요"라는 일상적인 고객 응대 멘트에 속으로 "나는 도움 받으러 온 것이 아닌데"라는 생각을 여러 번 해야 했다.

나는 오늘 약속을 지켰다.

내 나름의 돈으로 환산할 수 없는 꽤 많은 대가를 지불하며 약속을 지켰다.

약속을 지키고 돌아오는 길에 이런저런 생각들이 머릿속에 맴돌았다.

이 작은 사건을 통해서 그동안 당연하게 받아들였던 나에게 약속을 지킨 사람들이 떠올랐다.

"그들은 당연히 약속을 지킨 것이 아니라 다 나름의 대가를 지불하고 약속을 지켰겠구나!"

이 작은 교훈을 통해서 내가 잊고 지냈던 고마운 사람들의 얼굴이 떠오르면서 오늘 약속을 지키고 얻은 교훈이 큰 보상처럼 다가왔다. 그동안 나에게 약속을 잘 지켜준 분들에게 고마운 마음이 듬뿍 들게 한 날이다.

10.
욱이 엄마

욱이 엄마는 두 아이를 키우고 있다고 한다.

맏이인 욱이가 발달 장애가 있다고 했다. 욱이는 이제 8살, 초등학교 1학년이란다. 그런데 욱이가 이런 말을 했다고 하면서 장문의 문자 메시지를 보내왔다.

"엄마, 친구들이 같이 놀아주지 않아, 나는 혼자야."

욱이가 엄마에게 말한 이 한 문장과 함께 이렇게 말을 이어갔다.

"욱이가 혼자라는 의미를 아는지 모르는지요?"

발달장애아인 욱이가 엄마에게 어른 같은 말로 던진 하소연이 욱이 엄마에게 한편으로는 대견함에 놀라고, 한편으로는 그 단어에 담긴 가슴 시림 때문에 아파하는 마음이 담긴 욱이 엄마의 혼잣말 같은 탄식이었다.

욱이 엄마의 문자를 읽다 보니 이런저런 생각이 나의 뇌리를 스치고 지나갔고, 스쳐 간 생각이 다시 돌아와 계속 머릿속을 맴돌곤 했다.

사람은 자기 능력으로 친구도 만들고, 자기 능력으로 직업도 얻고, 자기 능력으로 크든 작든 자기의 자리를 잡고 살아간다. 그런데 모두 다 그렇게 스스로 자신의 삶을 만들어 가고, 스스로 자기 역할을 하면서 살면 좋으련만 도움을 받아야만 살아갈 수 있는 사람들도 많다. 걸을 나이가 되면 스스로 걸을 수 있고, 어딘가를 갈 수 있는 나이가 되면 스스로 이동할 수 있고, 혼자 먹을 수 있는 나이가 되면 스스로 먹을 수 있고, 뭔가를 결정할 나이가 되면 스스로 결정할 수 있는 것이 당연한 것 같지만 그럴 수 없는 사람도 많다. 스스로 걸을 수 없고, 스스로 볼 수 없고, 스스로 들을 수 없고, 스스로 말할 수 없고, 스스로 사고할 수 없는 사람들도 정말 많다.

이런 사람들은 아예 자기에게 주어진 개성이나, 재능을 발휘할 기회조차 얻지 못하고, 자신의 인생을 펼치는 것이 무엇인지도 모르고 살아간다. 아무도 바라봐 주지 않는 인생도 많고, 아무도 눈여겨보지 않는 인생도 참 많다.

성경에서도 구체적인 개인에 대해 말씀하는 경우는 아주 적고, 스스로 찾아야 하고, 스스로 적용해야 하는 것들이 대부분이다. 장애나 불치의 병에 이르기까지 "왜 그런가, 왜 그렇게 되었는가?"라는 질문만을 던질 수밖에 없다. 그러나 성경은 장애나, 불치의 질병이 부모의 죄 때문인지, 자신의 죄 때문인지, 하나님의 영광을 위해 나타난 것인지 우리에게 생각하게 하고, 돌아보게 하는 암시를 던져주기도 하고, 깊이 묵상하며 자신을 돌아보게 하기도 한다.

그럼에도 장애를 가진 사람이나, 그의 가족들이 느끼는 무게가 있으며, 곁에서 보기에도 아주 무거운 짐을 지고 있다고 생각하게 된다. 그 짐을 지게된 것이 누구의 잘못인지, 누구의 책임인지 묻고 싶을 때가 있고, 왜 장애가 왔는지 알고 싶어한다. 사람은 누구나 하나님에 비하면 지혜의 한계에 갇혀 있으므로 하나님의 깊으신 뜻과 계획을 다 헤아릴 수 없으며, 그냥 하나님께 질문을 품은 채 탄식하기도 하고, 그러다가 하나님을 향하여 화를 품기도 한다.

왜 하나님은, 어째서 하나님은, 무엇 때문에 하나님은 그 불공평의 선물과도 같은 장애를 아무런 상의도 안 하시고 불쑥 내밀어 안겨 주셨을까?
어떤 이에게는 그것이 도무지 이해도 안 되고, 해석도 안 되고, 용납은 더더욱 안 되는 불공평라고 여기며 사는 분들도 많다.

내가 이런 질문들에 대한 대답을 줄 수 없음에도, 이런 질문을 가진 이들을 하나님의 말씀으로 이해시켜 주고 싶고, 하나님의 말씀과 기도로 다독여 주고 싶은 마음을 품어본다.

무릎 꿇고 기도한다.
주님의 마음이 전해져 옴을 느낀다.
"그래, 너도 아픈 이들을 보면 많이 아프지!"
"그래, 너도 그런 사람들을 보면 불공평하다고 생각하지!"
"그래, 너도 그들을 위해서 울어 보려므나!"

나에게 속삭여 주시는 주님의 음성을 위로의 음성으로 들으며 꼬리에 꼬리를 물고 이어지는 수많은 질문을 누그러뜨리고, 부끄러운 마음으로 주님 앞에 선다.

하나님은 이렇게 속삭여 주신다.
"나중에, 아주 나중에 내 맘을 알 수 있을 때가 있을 거야."
그런데 나의 마음에서도, 나의 입에서도 "네, 그때까지 잠잠히 기다리겠습니다."라는 말이 선뜻 나오지 않는다.
"나중에", "그날에" 나와 같은 질문이 완전히 풀려서 우리 모두 하나님의 마음을 다 알게 된다고 하더라도 왠지 그때는 "너무 늦어서 무의미한 진실이 되지 않을까?"라는 막연한 염려가 지금 나의 마음을 가로막고 있는 것만 같다.

나는 한참을 망설이다가 마치 선심이라도 쓰듯이 마음을 다잡고, 속상함을 누르고 또 누르면서 마지못해서 주님을 향하여 겨우 고개를 위아래로 끄덕여 본다.

그리고 다시 이렇게 혼잣말한다.
"저는 보이는 것만 겨우겨우 볼 수 있으니까요."
"저는 어차피 다 이해할 수 없으니까요."

그리고 이어 또 이렇게 혼잣말을 한다.

"하나님, 당신은 실수하지 않으시는 분이니까요."

"하나님, 당신은 각 사람을 향한 사랑 듬뿍 담은 계획을 가지고 계시지만, 그 계획에는 그 누구도 실험의 대상으로 삼으시는 분이 아니심을 믿으니까요."

"하나님, 당신은 우리의 눈에는 마치 불공평인 듯 보여도, 당신은 언제나, 항상, 모든 것이 공평이시라는 것을 저는 믿습니다."

"하나님, 당신은 우리가 느끼기에 도무지 사랑이 아닌 것처럼 느끼는 것까지도 완전한 사랑이시니까요."

욱이 엄마의 글을 읽으면서 나는 하나님을 향하여 계속 이어지는 질문을 이어가다가 나는 그 질문들을 따라 아이처럼 투정했음을 회개했다.

하나님은 귀로 듣는 언어가 아닌 마음으로 듣는 언어로 말씀하셨고, 나는 그 말씀으로부터 위로를 얻었다.

욱이에게도 한 명의 친구가 있었다고 한다. 욱이가 일곱 살의 생일날 초대를 해서 함께 생일을 지냈던 친구가 있었는데 지금은 각각 서로 다른 학교로 진학하여 헤어졌다고 한다.

누구나 이사나, 진학이나, 직장이나, 결혼 등으로 친구를 떠나보내기도 하고, 또 새로운 친구를 만나기도 한다. 이렇게 친구를 떠나보내기도 하고, 새로 만나는 일은 흔히 겪는 일이지만 욱이는 딱 한 명밖에 없던 친구를 떠나보낸 아픔이 얼마나 컸을까 상상이 안 되었다. 욱이는 이제 여덟 살이라 가슴이 작아서 덜 아플까, 아니면 가슴이 작아서 더 아플까를 물어볼 수도 없었지만, 아직 표현도 어려운 아이라서 그 아픔은 산더미처럼 클지도 모르겠다는 생각을 하니 문자 속에 배어 있는 엄마의 아픔이 아이의 아픔만큼이나 클 것이라는 생각에 머물게 되었다.

그래서 나도 모르게 기도를 시작했다.

사람은 친구가 많아도 혼자라는 것을 느낄 때가 있고, 곁에 사람이 들끓어도 철저하게 혼자라는 것을 느낄 때가 있지만, 딱 한 명인 친구가 떠나고, 덩그러니 혼자만 남은 여덟살 욱이가 혼자라고 느끼지 않게 주님께서 도와주시길 기도했다.

11.
속리산에서 하룻밤

"속리산에서 하룻밤"이라고 하면 로맨틱한 상상을 떠올리는 이도 있을 법하다. 하지만 전혀 로맨틱한 상상을 자아낼 수 있는 그런 시간은 아니었다.

목사로 살다보니 더러 이런 호사스런 날도 있다. 적어도 일 년에 한두 번은 이런 경관 좋은 곳으로 나들이 겸, 회의 겸, 겸사겸사 같은 길을 걷고 있는 목사들과 함께 보내는 시간이 꽤 된다.

이번에도 한 해를 마무리하고, 또 한 해를 맞기 위해 "총회"라는 이름으로 왔다.

아침에 일어나보니 속리산엔 눈이 내렸다.

아마도 동틀녘쯤부터 내리기 시작한 모양이다.

눈이 꽤 싱싱해 보인다.

기온이 많이 내려간 추운 날씨라서 그런지 습기가 별로 없는 소위 마른 눈이 내렸다. 잘 뭉쳐지면 눈싸움이라도 한판 벌일 텐데 말이다.

마른눈이라서 내리자마자 녹지 않고 쌓여서 우리와 첫 조우를 할 수 있었는지도 모르겠다.

이번 겨울에 내린 첫눈치고는 꽤 많은 눈이 내렸다.

속리산 높은 곳에는 꽤 많은 눈이 쌓인 듯 온통 하얗게 보였다.

지난밤 우리는 속리산 유스타운에서 1박을 했다. 청년기에는 이런 곳에서 단체로 숙박하며 보내는 시간이 얼마나 즐거웠던가?

지금도 청년기의 그 느낌처럼 꽤 좋은 시간이었다.

친구가 근무하는 회사가 소유한 이곳으로 숙소 예약을 해서 오게 되었는데, 건물은 좀 낡았지만, 주변 경관이 좋고, 함께 한 분들이 서로 정겨운 분들이라서 모든 게 좋게 느껴졌다.

동료, 동역자, 그리고 이제는 서로에게 친구 같은 분들과 회의도 하고, 운동도 하고, 도란도란 얘기 꽃을 피우다가 자정이 넘어서 치킨을 배달시켜서 먹었다. 잠이 다 깼는지 다시 치킨보다 더 맛있는 얘기를 밤새워 나누었다.

따뜻한 온돌방에 둘러앉아 얘기를 들어주다 보면 또 누군가의 얘기가 이어지고, 잠시 끊기는 듯하다가 다시 이어졌다.

살다 보면 속에 있는 얘기들을 털어놓을 사람이 있었으면 좋겠다고 생각할 때가 많다. 하지만 그렇게 쌓아 놓았던 속에 있는 얘기는 꺼내도 후회, 안 꺼내면 두고두고 아쉬움을 품은 채로 살아가기도 한다. 속에 있는 얘기는 무거운 것들이 많은데, 그 무거운 얘기를 섣불리 풀어냈다가는 큰코다

친다는 것을 어찌 한두 번 경험한 일이랴! 그래서 우리는 속에 있는 얘기를 꺼내려다가 겁을 먹고, 주춤하며 마음을 단도리 하는지도 모른다.

그런데 속에 있는 얘기를 꺼낼 수 있는 누군가가 있다는 것만으로도 우린 이미 마음의 평안을 누리는 사람이고, 또 그런 얘기들을 들어줄 수 있는 마음은 이미 큰 부자의 마음을 소유한 것이다. 우리는 지금 그런 부자의 마음을 누리고 있는 셈이다.

그런 부자의 마음으로 시간을 정해놓지 않고 얘기를 이어갈 정도의 얘깃거리가 있고, 그 얘깃거리를 풀어헤칠 수 있는 충분히 여유로운 시간이 있고, 깊이를 가늠할 수 없는 널찍한 마음으로 받아주는 서로에 대한 공감이 있고, 그런 것들을 서로 풀어내도 괜찮다는 믿음을 가진 사람들이 함께 있다는 것이 얼마나 감사한 일인가?

우리는 속리산 밑에서 그걸 밤새워 누렸다.
우리의 얘기에는 진한 듯 부드러운 마치 군고구마의 속살 같은 푸근함에 흠뻑 젖은 시골 사랑방의 밤이었다. 우리가 나눈 얘기들은 세계 평화나 인류 공영 같은 거대 담론을 놓고 벌인 열띤 토론이 아니라 그냥 따뜻한 대화였다.

만일 우리의 대화가 추위가 몸에 파고들라치면 옷깃을 단단히 여며 추위를 막듯 다가오는 마음을 막아서는 대화였다면, 신경을 곤두세운 채, 자신을 꼭꼭 여며가며, 마치 탐색을 하듯 서로의 마음을 스캔 뜨는 시간이었다면, 아마도 그 밤은 추운 밤이었을 텐데 우리의 밤은 아주 따뜻한 시간이었다.

오히려 우리는 서로 마음의 빗장을 하나, 둘 풀어 젖히고, 마음의 바닥에 침전물처럼 가라앉아 쌓여있던 이름 모를 진한 것들을 조심스럽게 퍼 올렸다. 그러면서 서로에 대해 고개를 끄덕여 주고, 가벼운 미소와 눈빛을 교환하면서 위로를 쌓고, 격려를 쌓고, 따뜻한 동지애를 쌓았다.

우리의 얘기는 돌다리를 폴짝폴짝 뛰어가는 아이같았다가, 술래잡기라도 하듯이 시계 방향으로 돌았다가, 연을 높이 띄우기 위해서 연줄을 당기듯이 조금은 긴장감이 돌기도 했었다. 그러다 보니 어느덧 날이 새고, 아침이 되고, 첫눈이 쌓인 아침을 맞았다. 우린 밤새 서로의 마음을 굴려 눈덩이를 만들고, 아침이 되자 작은 눈사람이 되었다.

멀리 보이는 소나무는 허연 백발이 되어 있었다.
우리의 이런 얘기들도 눈처럼 쌓여 백발이 되어가고 있었다.

12.
3.5미터의 길이

엊그제 월요일 오후 6시, 서점에 들렀다가 교회로 와서 목양실에 들어와 보니 케이블 뭉치가 보였다. 사실 이 케이블은 프로젝트용 HDMI 케이블이었다. 전도사님이 사다 놓은 것이었다.

프로젝트 화면에 약간 문제가 있어서 A/S를 요청했더니 기사가 와서 이리저리 살펴보고 내린 진단은 케이블 중간에 연결한 부분에서 이상이 있는 것 같다는 말이었다.

교체비용이 얼마냐고 물었더니 케이블을 천장으로 넣어서 빼는 부분 때문에 비용이 조금 나온다고 했다.

A/S 기사님들의 말에 "조금 밖에 안 나옵니다."라는 말은 안심을 주지만 "조금 나온다"는 말의 뉘앙스는 상당히 부담스러운 금액이라는 것쯤은 꼭 같은 경험이 아니라도 어떻게 통용되는 말인지는 나도 모르게 세상이 알려주었다.

그래서 나도 물어볼 수밖에 없었다.

"정확히 얼마면 할 수 있을까요?"

"저에게 맡기시면 20만 원에 해드리겠습니다."

생각보다 너무 비용이 큰 것 같기도 하고, 직접 해도 될 것 같은 생각에 직접 해보기로 했다.

속으로 "20분 정도면 끝낼 수 있겠지."라는 생각으로 시작했다.

그런데 천장 부분을 통과해야 하는 구간이 3.5미터 정도 있는데 중간에 보이지도 않고, 알 수도 없는 장애물에 막혀 도저히 통과가 안 되었다. 1시간이 흐르고, 거의 두 시간이 흘렀는데도 통과시킬 수가 없었다.

아직 더운 계절이 아닌데도 땀이 범벅이 되었다.

"8시부터는 기도회가 있는데, 빨리 끝내야 하는데……."

발을 동동거리지 않았지만, 가슴의 동동거림이 시작된 지는 꽤 되었다.

이럴 때면 떠오르는 성경구절이 있다.

"힘으로 되지 아니하며 능력으로 되지 아니하고……."

조금의 진척도 없이 결국 일단 멈추고 기도회를 시작했다.

마음 한편으로는 여전히 멈추지 못하고 일이 계속되었다.

기도회가 끝나고 다시 한번 시도해 보기로 했다.

또다시 시도한 지 두어 시간이 흘러 11시가 되었다.

그런데 내일 아침에 새벽기도를 해야된다는 생각이 났다.

저녁 10시가 넘고, 11시가 가까워지면서 "새벽기도에 맞추어 일어나려면 일찍 잠을 자야 하는데"라는 의무감 같은, 강박감이 무겁게 눌러왔다.

또다시 멈추고 집으로 향했다.

모두 합치면 거의 네 시간 동안 승부도 없는 씨름을 했다.

아니 나는 승부를 못 냈지만, 엄격히 말하면 인정하지는 않았지만 패배하고 집으로 향했다.

나의 발걸음은 엠마오로 향하던 두 제자의 발걸음과 거의 비슷했다.

풀지 못한 숙제를 놓고는 몸도 지쳤고, 배도 고파서 낙심한 채로 발걸음을 옮기고 있었다.

"빨리 가서 저녁을 먹어야지"라는 생각으로 서둘러 집으로 향했다.

집에 갔더니 아내는 당연히 식사하고, 기도회하고 들어올 줄 알았다며, 밥이 없다고 했다.

빨리 자려면 어쩌랴!

고구마랑, 과일로 적당히 배를 채우고 잠자리에 들었다.

잠은 오지 않고, 케이블이 나아갈 길을 막고 있는 장애물을 뚫을 묘책이 없을까라는 생각이 꼬리에 꼬리를 물고 이어졌다.

그런데 무릎을 칠만한 마땅한 방법은 떠오르지 않았다.

새벽 4시에 일어났을 때도 여전히 그 생각이 이어졌고, 같은 생각이 계속 맴돌 뿐이었다.

그런데 그제야 떠오른 생각이 있었다.

"아하, 이렇게 하면 되겠구나!"

빨리 가서 해봐야겠다는 생각으로 설렜다.

아무리 빨리 시도해 보고 싶어도 새벽기도를 마친 후에야 시도할 수 있었다.

빨리해 보고 싶은 마음이야 굴뚝같았지만, 꾹 참고 "새벽기도는 끝내고 하자"라는 생각을 따랐다.

새벽기도회가 끝나기가 무섭게 새벽에 떠오른 생각대로 화분의 식물이 쓰러지지 않도록 세우는, 표면이 녹색으로 처리된 두꺼운 철사 지주대 중에 가장 길고, 가장 두꺼운 것들을 이어 절연테이프로 단단히 붙였다. 4미터 정도 되게 이어 뚫린 조그마한 구멍으로 반대쪽 구멍을 향해서 밀어 넣었다.

와우!

쑤~욱 쑥 밀려들어 갔다.

케이블은 조그마한 장애물만 있어도 꺾이고, 더 앞으로 나아갈 생각을 안 했는데, 무사히 반대편 구멍까지 도착한 것을 확인할 수 있었다.

"왜, 미처 이 방법을 생각하지 못했을까?"

만약 처음부터 이 방법으로 시도했다면 딱 20분 정도에 끝낼 수 있었을 텐데 말이다.

3.5미터의 길이가 이렇게 긴 줄 몰랐다.

4시간도 넘는 거리였다.

그렇다.

모르는 거리, 낯선 거리, 장애물이 있는 거리, 보이지 않는 거리는 자로 그냥 잴 수 없는 숨겨진 거리가 있다.

자로 측정할 수 없는 거리는 너무 많다.

사람과 사람 사이에 존재하는 마음의 거리도 자로 잴 수 없는 거리이다.

사랑의 거리와 미움의 거리와 같은 관계의 거리는 쉽게 재보기 어렵고, 기쁨의 거리와 슬픔의 거리와 같은 감정과 느낌의 거리도 쉽게 재볼 수 없는 거리이다.

13.
건강검진 하는 날

　내가 태어난 해가 홀수 해라서 홀수의 해가 되면 국민건강보험공단에서 건강검진을 받으라는 우편물이 온다.

　게으름을 피우며 미루다 미루다 건강검진을 못 하고 해를 넘기면 짝수 해가 시작되는 새해 벽두부터 건강검진을 받으라는 독촉 우편물을 받게 된다.

　요즘 우리나라에서는 건강검진이 반쯤은 의무가 되어 있는 듯하다.

　건강검진은 "호미로 막을 것을 가래로 막는다"라는 속담을 일깨우듯이 "질병의 조기 발견"으로 국민건강보험공단은 보험금을 아껴 살림 잘하는 공단이 되고, 국민은 자신의 건강을 체크해서 이상징후를 미리 발견할 기회를 주는 긍정적인 면이 많은 것 같다. 이렇게 좋은 의미를 가지고 있지만 젊을 때는 건강검진이라고 하면 "괜히 귀찮게"라는 생각이 들었었고, 나이를 조금씩 먹어 가면서 드는 생각은 "괜히 이상한 결과가 나오는 것 아냐?"라는 생각이 들기 시작했다. 지금보다 나이를 조금 더 먹으면 그때는 "모르는 것이 낫지 않을까?"라는 생각으로 바뀔 수도 있을 것 같다.

　오늘이 건강검진 하는 날이다.

건강검진 하는 날이 정해진 것은 아니지만 이미 검진하려고 하는 병원에 가서 예약을 하고, 똥 받는 키트에 똥을 받아다 주고, 장을 비우는 약도 받아왔고, 몇 장씩이나 되는 서면 검사지 같은 여러 가지 서류도 받아왔다.

나는 매년 같은 병원에서 검진받고 있다.

친구가 원장인 내과에서 10년이 넘게 붙박이로 검진하고 있다.

이 병원의 간호사님이 친절하게 가르쳐주기를 검진 며칠 전부터 먹어도 되는 것과 먹지 말아야 할 것을 구분해서 먹어야 한다고 강조해서 말했지만 별로 귀담아듣지도 않았고, 그 지침대로 먹지도 않았다. 그래도 막상 검진하는 날이 닥치니까 철저하게 잘 비워야 한다는 것은 잊지 않았다.

성경 어디에도 쓰여 있지 않지만, 우리나라 목회자들은 암묵적으로 약속이나 한 듯이 월요일은 쉬는 날로 사용하기 때문에 나도 월요일은 좀 자유로운 시간으로 사용해도 되겠다 싶어서 검진도 월요일로 예약했었다.

어제저녁 8시부터 장을 비우기 위해 병원에서 준 약을 함께 챙겨준 물통에 넣고 정수기에서 물을 채워 마시기 시작했다. 약간은 짜고, 약간은 달고, 약간의 향이 있는데 결코 맛있는 음료는 아니었다. 뭐라고 표현할 수 없지만 약간은 역겹고, 약간은 거부감이 가고, 약간은 마시기 힘들다는 것이 물에 희석한 이 약의 맛이었다.

일단 500cc를 몇 번에 나눠서 마셨다.

처음 그 물을 마시고 30분이 지났을 때까지 아무런 반응도 없었다.

위장을 비우는 약이 매년 조금씩 다른데, 올해에 준 것은 2년 전보다 그 과정이 조금 더 간편해졌다는 생각이 들었다.

성분이나, 약의 기능이 더 좋아진 탓인지 일단 약의 양이 반으로 줄어든 것 같다.

이어서 30분 후에 생수만 500cc를 더 마셨다.

곧이어 속에서부터 아주 서서히 느낌이 오기 시작했다.

먹구름이 몰려오고, 스산한 바람이 불고, 하늘이 으르렁거리면서 곧 세찬 소나기가 쏟아질 것 같은 징조가 나의 뱃속에서도 일어나고 있었다.

1,000cc의 물을 마셨으니 당연한 현상이지만 배는 부풀어 오를 대로 부풀어 오르고, 크게 한 방 터질 것 같은 범상치 않은 분위기에 휩싸였다.

드디어 도저히 참을 수 없을 것 같은, 그야말로 곧 터질 것 같은 강한 압박이 몰려와 나는 스프링처럼 튕겨 일어나 화장실로 달려갔다. 변기에 앉자마자 큰 댐의 수문이 열리듯이, 그리고 엄청난 폭음을 내면서 벼락이 떨어지듯이, 막혔던 하수구가 뻐~엉 뚫리듯이 나의 과거가 쏟아져 내렸다.

이리저리 튄 파편이 변기에 가득했다.

체면이고 뭐고 없이 사정없이 계속해서 폭발하고, 마치 변기를 잡아먹을 듯이 포효하기도 했다.

한편으로는 시원하고, 한편으로는 통쾌하고, 한편으로는 짜릿하고, 그러면서도 나의 의지로 통제할 수 없다는 무력감도 느끼게 하는 복잡미묘한 시간이었다.

대폭발이 일단락되고, 나는 변기의 구석구석을 변기 세척기로 쏘아 씻어 내렸다.

첫 번째 일을 성공적으로 치르고 소파에 앉았다.

언제 또 터질지 모르는 두 번째 상황을 위해 긴급준비태세를 발동해 놓은 상태로 소파에 앉아 태연한 척 TV 채널을 아래위로 이동시키고 있었지만, 나의 온 신경은 언제 터지질 모르는 특급 비상 상황에 놓여 있었다.

다시 참을 수 없는 압박감이 몰려왔다.

다시 변기를 향해 전심으로 달렸다.

휴~~~~!

이제 두 번째 일을 치렀다.

세 번, 네 번…….

점점 올라가던 폭발력은 몇 번째 폭발인가부터 점점 약해지고, 어느새 파편마저도 거의 없는 물줄기만을 쏟고 있었다.

11시가 되어갈 무렵이 되자 분출하던 물줄기는 태풍이 휩쓸고 지나간 후에 남은 잔바람처럼 얌전해졌다.

12시가 되어갈 무렵에는 잠을 자도 될 것 같았다.

"그래도 잠은 자게 해주는구먼!"이라고 생각하며 침대로 들어갔다.

예약이 오전 8시 20분이고, 그 전에 새벽기도를 해야 하니까 3시에 알람을 맞추었다.

새벽 3시에 다시 약 한 봉지를 통에 넣고, 생수 500cc를 부어 가루약이
잘 용해되도록 흔들었다.

"이제 한 통 마시고, 다시 한 통만 더 마시면 된다!"

맛도, 향도 느끼지 않으려고 이를 살짝 악물고, 눈을 딱 감고 한 통을 다
마셨다.

잠시 후에 작은 약봉지에 있는 것을 또 물 한 통에 넣어 다 마셨다.

30분쯤 지나자 다시 터질 것 같은 느낌이 왔다.

변기를 향해 돌진했다.

어제저녁보다는 한결 투명해진 물줄기가 또 힘차게 뿜어나왔다.

그런데 그때까지도 완전히 물만 나오는 것은 아니었다.

"며칠 전부터 먹으라고 한 것만 먹었어야 했나?"

"그래도 이제 어쩌랴!"

"지금으로서는 온 힘을 다해 더 힘껏 쏟아내는 것밖에 없잖은가?"

또 쏟아내고, 또 쏟아내고……

"그런데 왜 끝은 보이지 않는단 말인가?"

"이러다가 가르쳐준 대로 하지 않았다고 창피를 당하는 것 아냐?"

드디어 또다시 절박감도, 쏟아지는 양도 점점 잦아드는 것 같았다.

간격이 점점 더 길어졌다.

새벽기도를 하고, 집에 돌아와서 다시 씨름선수가 막판 뒤집기를 시도하듯이 힘껏 힘을 썼다.

물만 졸졸 나왔다.

"와~아, 드디어 찌꺼기 없는 노란색만 나는 물이다!"

나는 진짜 승리를 한 것 같았다.

드디어 나는 친구이자, 나의 속을 속속들이 들여다볼 L 원장에게 나의 몸을 맡겨도 되겠다는 생각이 들면서 안도의 한숨을 쉬었다.

14.
내 생애 최고의 몸매 만들기

    온 세상이 무겁고, 진지해서 우스갯소리라도 하면 한 대 얻어맞을 것 같은 요즘이다.

    코로나 팬데믹이 온 나라, 온 세계를 휩쓸면서 호환마마보다 더 무섭고, 더 살벌한 세상이다.

    "잘 못 먹으면 코로-나온다!"는 코로나 개그가 암암리에 유행하고 있지만 그런 우스갯소리라도 할라치면 마치 야매라도 하다가 들킨 것, 마냥 소리 죽여 말해야 했다.

    마스크로 입과 코를 가려서인지 사람과 사람 사이도 더 멀어지고, 더 폐쇄적으로 변한 것 같다.

    그러다 보니 온통 세상이 진지해지고, 마치 진지하게 살아야 하는 것 같은 분위기다. 분위기 탓인지 얼굴이 가려져서 잘 보이지 않지만, 평소보다 우울한 사람들이 더 많아진 것 같다. 나는 무거운 분위기 속에 갇히고 싶지 않아서 나름의 발버둥으로 이런저런 운동을 하고 있다.

운동에 관심이 있던 차에 한 달 전쯤 "내 생애 최고"라는 검색어로 검색하다가 재미있는 책 제목을 발견했다.

「내 생애 최고의 몸매 만들기」

이 책만 사면 내 생애에서 최고의 몸매가 만들어질지도 모르겠다는 기대감에서, 어디서 파나 하고 뒤져 봤더니 "품절"이라고 표시되는 책이었다.

혹시 중고 서적이라도 있으려나 하고 뒤져 보니 알라딘 오프라인 매장에 그것도 내가 사는 곳하고 아주 가까운 대전 시청점에 한 권이 있는 것으로 검색이 되었다.

토요일 밤이라 문을 닫았을 것 같고 해서 주일 오후에 가서 사기 위해서 화면 캡처를 해두고도 잊지 않으려고 정신을 똑바로 차리겠다고 마음을 먹었다.

주일예배가 끝나고 배는 너무 고픈데, 기어코 사고야 말겠다는 일념으로 차를 끌고 갔다.

검색할 때 캡처 해둔 서가 번호를 스마트폰으로 열어놓고, 스마트폰과 서가를 번갈아 가며 보면서 두리번거리는데 정말, 딱 한 권이 있었다. 사고 싶은 책, 그것도 동난 책이 거기에 있어 준 것이 정말 고마워서 눈에 들어오는 다른 책도 두어 권 더 뽑아 들고 아무리 비싸도 사려고 갔으니, 가격도 묻지 않고 계산대로 갔다.

야호! 드디어 손에 넣고 말았다.

이 책만 가지고 책의 가르침대로 따라 하면 적어도 나의 생애 최고의 몸매가 되어 있을지도 모르겠다는 얄팍한 속셈을 미소로 흘리면서 집으로 왔다.

제목에서도 살짝 냄새가 나지만, 아마도 여성들이 관심을 많이 갖는 부분이라서 그런지 운동 동작 시범 사진도 여성이어서 나도 해당이 되는지 의문이 살짝 생겼지만 나도 따라 하면 도움이 될 것 같다는 나름의 확신이 들었다.

더욱 솔깃한 것은 하루에 8분씩만 투자하면 된다니 얼마나 희망적인가?

짧은 책이라서 단숨에 읽고 즉시 실천에 들어갔다.

올여름도 꽤 더웠다.

더워도 운동에 게으름 피우지 않고, 땀을 흘렸다.

이 책을 산 지 한 달 남짓 되었다. 책의 내용은 다시 펼쳐보지 않아도 될 만큼 단순해서 매일 반복해서 그대로 8분 이상 투자해서 운동하고 있다.

몸매가 한 번도 좋아 본 적이 없어서 얼마만큼 좋아질지는 상상이 안 되지만 살짝 몸의 변화를 느끼면서 이제 8분보다 훨씬 긴 시간을 운동할 수 있게 되었다.

15.
새벽에 만나는 사람들

나는 매일 새벽잠에서 깨자마자 최소한의 준비를 하고 교회를 향한다.

새벽 5시 전후의 거리는 한산하고 조용하다.

아주 드문드문 자동차가 한두 대 지나가는데, 그 자동차들도 새벽기도를 하러 교회로 향하는 자동차일 거로 생각한다.

대부분은 깊은 잠에 빠져 있을 시간이다.

그 시간부터 매일 만나는, 그래서 나에게는 의미가 있는 사람들과 마주친다.

그 시간에 교회를 향하여 아파트를 빠져나가는 정문 어귀에서 마주치는 분이 있다. 나는 이분과 인사조차도 나눈 적도 없다. 나는 자동차를 타고 서둘러 교회를 향하고, 이분은 거의 아무도 없는 어스름한 새벽길을 혼자 걷는 분이다.

매일 마주치기 때문에 나는 혼잣말로 자동차 안에서 속으로만 인사를 한다.

"안녕하세요? 참, 열심히 운동하시는군요."

"집념이 정말 대단하십니다."

"잘 걷게 되시길 기도하겠습니다."

모르는 분이지만 자동차 유리라도 내리고 인사를 하고 싶지만 방해가 될까 봐 혼자만 속으로 인사를 하며 지나친다.

이분은 아마도 중풍이나 질병으로 쓰러졌다가 재활 중인 분인 것 같다. 날마다 어둠을 뚫고 몸을 기우뚱거리면서 걷는 분이다. 지팡이에 의지해서 한쪽 다리에 더 많은 몸무게를 좀 더 길게 맡기고, 한쪽 다리에는 더 적은 몸무게를 아주 짧게 맡기면서 보폭이 20cm도 채 안 되는 촘촘 걸음으로 걷는다. 아마도 건강했던 분이 갑자기 당한 장애를 극복해 가는 과정에 있는 것 같다.

언제쯤인가는 용기를 내어서 인사도 나누고 싶고, 때론 같이 걸어도 주고 싶은 마음이다. 그렇지만 매일 그냥 지나치면서 이런 생각을 한다.

"나는 내가 서툰 것들, 내가 꺼내놓기 싫어하는 트라우마들, 내가 감추고 싶은 부끄러운 것들, 내가 벗어 던지고 싶은 것들, 나를 움츠러들게 하는 것들을 얼마나 적절하게, 진솔하게 노출하며 살 수 있을까?"

"나는 내 안에 내재 되어 있는 것들을 극복하기 위한 노력을 포기하거나, 좌절하지 않고, 얼마나 지속적으로 시도해서, 끝내 극복해 낼 수 있을까?"

새벽기도를 마치고 운동을 하기 위해 운동장으로 향한다.

학교를 둘러친 펜스를 따라 학교 정문으로 향하면 꼭 그 시간에 그 길을 지나는 분이 있다. 이분은 근처에 있는 김밥집 사장님이다. 연세가 70대 중반쯤 된 이 사장님은 매일 새벽, 어둠이 가시기 전부터 열심히 걸으시는 분이다. 봄, 여름, 가을, 겨울, 사계절 어둠이 걷히는 아침 시간을 걸으면서 맞는다고 한다.

가끔 김밥을 먹으러 가면 사장님은 자기의 인생 역정을 한이 섞인 목소리로 말씀하신다.
"아이고 말도 마세요. 남편이라는 것이 젊어서부터 일은 안 하고, 딴짓만 하더니만 어떤 년하고 눈이 제대로 맞았는지 집을 나가서, 지금은 어디 사는 줄도 모르고 살고 있어요."

키는 좀 작은 편이지만 절대로 작은 사람이라는 생각이 들지 않을 정도로 야무지고, 험난한 인생을 잘 싸워서 이긴 전사 같은 모습도 있고, 걸쭉한 입담에서는 웬만한 사내들 못지않은 여장부 같은 당당함을 풍기기도 한다.

아들 둘, 딸 하나 이렇게 삼 남매를 혼자의 힘으로 잘 키워 이제는 모두 결혼해서 각자의 가정을 가지고 살고 있다고 한다.
이렇게 분식집을 운영하는 것이 이제 몸이 힘들지 않으냐고 물으면 한결같이 이렇게 대답하신다.
"놀면 뭐 해요!"
그리고 꼭 한 마디를 덧붙이신다.

"애들 다 출가시켜서 지들끼리 잘 사니까, 이제는 쉬어도 되는데……."

자녀들이 가까이 살아서 꽤 자주 엄마가 운영하는 김밥집에 다녀가는 것을 본다.

가끔은 엄마와 함께 걷는 딸이 엄마에게 친절하고, 다정하게 대하는 모습을 보면서 "아주머니 사장님은 혼자 힘들게 사셨지만 훌륭한 엄마시구나"라는 생각을 종종 한다.

김밥집 사장님과 인사를 하고 지나쳐 운동장에 들어서면 매일 아침 운동장을 달리는 여자분이 있다. 인사도 목례만 간단히 하고는 누가 와도 개의치 않고 열심히 달린다.

나이도 가늠하기도 어렵고, 이름도 모르지만, 아침에 운동을 나오는 분들의 말에 의하면 골프를 하는 사람이라고 한다. 그렇게 알려진 것을 보면 단순히 취미나, 건강을 위해서 운동하는 사람은 아닌 것 같다.

매일 아침 같은 시간에 이 운동장에 나와 운동장을 열심히 뛰는 것을 보면 아마도 골프를 업으로 하는 사람일 거로 생각한다. 얼마나 열심히 달리고, 또 달리는지 에너지가 넘쳐 보인다. 초등학교 운동장이라서 아주 큰 운동장은 아니지만 매일 아침, 이 운동장을 20바퀴쯤 돌고, 마지막 한 바퀴는 꼭 전력 질주를 하고, 달리기를 마친다.

혼자 뛰어도 하루도 거르지 않고, 매일 타협하지 않고, 끝까지 성실하게 달리는 모습에서 심신의 건강함을 느끼게 한다.

운동을 포함해서 무엇이든지 너무 쉽게 핑곗거리를 찾는 사람은 꾸준히 하기가 어렵다.

거의 매일 이 세 분을 보면서 배우는 것이 많다.

한 분에게는 꿋꿋함을 배우고, 또 한 분에게는 당당함을 배우고, 또 한 분에게는 성실함을 배운다.

나도 누군가에게 작은 배움이라도 나누어 줄 수 있는 삶을 살아야겠다는 소박한 다짐을 해본다.

16.
숙제

내가 초중고를 다닐 때 제일 싫어하는 것이 숙제였다.

숙제는 정말 하기 싫었다.

그런데 요즘 가만히 나를 돌이켜 보면 그렇게 하기 싫었던 "숙제"라는 단어를 곧잘 사용하고 있다는 것을 발견한다.

어제는 우리 가족이 같이 숙제했다.

지금 말하는 "나의 숙제"는 정말 하기 싫었던 일이 아니고, 꼭 해야 하는데 미뤄뒀던 일을 했다는 의미이다.

나에게는 손위 동서이시고, 아내에게는 형부이고, 딸아이에게는 이모부가 얼마 전에 위암 수술을 받았다.

동서지간은 혈육이 아니면서도 지내기에 따라 정말 가까운 사이로 지낼수도 있고, 굉장히 먼 사이로 지낼 수도 있다. 아내는 2남 3녀인 집안의 셋째 딸이다. 앞뒤로 아들이 있고, 중간에 나란히 세 자매가 있는데, 이 세 자매는 친하다는 말보다는 아주 가까운 사이로 지낸다. 자매들이니까 당연히 가까운 사이지만 유난히 가까운 사이이다. 서로 각자의 가정을 꾸리고 삶을 살지만 적어도 "네 꺼, 내 꺼"를 따지는 것을 목격한 적이 없는 자매들이다. 그러다 보니 동서지간인 남자들끼리도 꽤 친하게 지냈다. 들로, 산으로, 바다로 함께 다닌 곳이 정말 많다.

직업도 다르고, 자라온 배경도 다르고, 추구하는 것도 다르고, 취미도 다르고, 식성도 다르다. 우리 삼 동서는 세 자매들 앞에서는 성이 각각 다르다고 언제부터인가 "우리"라는 말 대신에 "잡씨들"이라는 농담으로 세 자매를 주인공으로 치켜세우곤 했다. 이렇게 나이도 다르고, 성도 다르고, 하는 일도 다르고, 성격이 다른 사람들이 잘도 어울렸다.

그러다가 둘째 동서가 암이 발병되어 꽤 오랫동안 암 투병을 하다가 먼저 가셨다. 그러자 만나는 횟수가 급격하게 줄어들었다. 그동안 생활의 패턴도 변화되었고, 나이도 더 많이 들었고 등등 여러 가지 이유로 셋이 어울릴 때보다 현저하게 만남이 줄었다.

그런데 큰 동서도 몇 달 전에 위암 판정을 받고, 곧 이어 수술을 했다. 코로나 팬데믹이 핑계인지, 어쩔 수 없는 제약 때문이었는지 금방 가보지 못했다. 그래서 늘 마음에 숙제를 하지 않은 것 같은 부담으로 있었다.

드디어 아내와 딸아이가 휴가를 내서 함께 다녀왔다.
많이 수척해진 모습을 보면서 "암이 건강도 빼앗고, 마음도 위축시키고, 웃음도 빼앗고, 행복도 빼앗아 가는구나!"라고 생각했다.

이제 딸이 서른이 넘어 결혼을 앞둔 성인이 되었지만, 어릴 때 이 큰 동서가 처조카인 우리 딸아이를 많이 예뻐해 주시고, 유난히 잘 놀아주셨다. 잘 안아주시고, 목말도 많이 태워주시고, 손잡고 많이 걸어도 주셨다.

아이가 동서를 아주 잘 따랐는데, 아이가 잘 따르는 데는 그만한 이유가 있다고 생각했다. 눈빛으로, 손길로, 마음으로 따뜻하게 대해주셨기 때문일 것이다.

멀리 남양주까지 다녀오면서 우리는 차 안에서 많은 얘기를 할 수 있었다.

신종 코로나바이러스(Covid-19)에 대한 얘기도 빠지지 않았다.

그러다가 요즘 꽃을 재배하시는 분들과 꽃집이 힘들다는 얘기를 나누면서 "우리 꽃을 삽시다!"라고 아내가 말했다.

나는 "꽃을 삽시다"라는 말에도 운전에 집중하는 척하면서 일부러 별로 반응을 안 보였다.

나름 이 기회에 서프라이즈를 해보자는 생각이 스치고 지나갔기 때문이다.

그렇게 다녀와서 오늘 나는 꽃을 샀다.

아내를 위해서 한동안 하지 않았던 짓을 했다.

우리 교회에 오늘 졸업하는 초딩도 생각났다.

작은 꽃다발 두 개를 샀다.

한 다발은 더 건강하게, 더 행복하게, 더 잘 지내자는 의미로 아내를 위하여 샀다.

그리고 또 한 다발은 우리 교회에 초등학교를 졸업하는 아이를 위하여 샀다.

꽃을 사면서 잠시나마 어제 자동차 안에서 우리 가족의 대화에 등장했던 꽃의 소비가 없어서 울상인 꽃 재배 농가와 꽃집 사장님을 떠올려 봤다.

의무로 한 것은 아니지만 꼭 해야할 일이라서 숙제처럼 여겨진 것들을 했다.

17.

바람개비

　우리 동네 카페 사장님을 나는 선생님이라고 부른다. 카페 사장님이 소설을 쓰고, 학생들을 가르치는 국어 선생님이었다는 것을 알고부터는 그렇게 부른다. 사장님인 선생님이 운영하는 카페 앞 테라스에는 언제부터인가 6개의 조그마한 바람개비가 돌아가고 있다.

　친구와 아메리카노 한 잔 마시러 카페에 갔다가 바람개비가 보여서 사장님에게 물었다.
　"웬 바람개비를 이렇게 많이 설치했어요?"
　사장님은 이렇게 바람개비를 설치한 사연을 들려주었다.

　처음에는 카페를 알리는 사인으로 초등학교 아이들이 가지고 노는 그런 조그마한 바람개비를 사서 테라스 난간에 있는 나지막한 조명등 기둥에 묶어 설치했었다고 한다. 비에 젖고, 바람에 날리면서 하나, 둘 사라져 딱 한개만 남았는데 어느 날부터인가 아침에 출근해서 카페 일을 시작하다 보면 카페 앞 인도를 엄마가 미는 유모차에 타고 지나가던 아이가 멈춰서서 이바람개비를 한참을 바라보다 가는 것이 눈에 띄었다고 한다.

아이가 멈추었다기보다는 엄마가 멈추었을 것이다. 아이가 눈길을 주는 곳에 엄마의 눈길도 갔고, 돌아가는 바람개비를 신기하게 바라보는 아이를 위해 유모차를 밀고 가던 엄마의 발걸음도 멈췄을 것이었다. 다음날도, 또 다음날도 한참을 멈춰 서서 마지막 남은 한 개의 바람개비에 눈이 가고 아이와 엄마는 멈췄다가 다시 지나갔다고 한다.

카페 사장님은 아이의 호기심 가득한 눈빛이 너무 귀여워서 인터넷을 검색하여 바람개비 재료 열 개를 샀고, 그 아이를 생각하면서 바람개비를 만들어서 테라스에 있는 조명기구의 기둥마다 바람개비를 다시 세워 달았다고 한다. 그날 이후로 또 여섯 개의 바람개비가 돌아가게 되었고, 아이는 더 재미있게 이 바람개비를 바라보다 지나갔다고 한다.

어느 날은 아이가 바람개비를 만져보고 싶다고 했는지 서서 바람개비를 손으로 돌려보기도 하고 그런 날이 점점 많아졌고, 그러다 보니 아이와 인사도 나누고, 아이 옆에 있는 엄마와도 인사를 나누게 되었다는 것이다.

이 아이가 오전에는 어린이집을 가는 길이었고, 오후에는 다시 집으로 돌아오는 길에 멈춰서서 바람개비를 흥미롭게 지켜보다가 지나가곤 했다고 했다.

이 아이는 아이가 넷인 집의 막내인데, 아이의 엄마는 육아를 위해서 육아휴직을 하고 아이와 함께 어린이집으로 향했다가 오후에는 데려오는 아이와 매일매일 달콤한 데이트를 즐기고 있었다. 아이의 엄마 얼굴에서 엄마와 아이가 함께 애틋한 사랑을 엮어가는 것을 볼 수 있었다고 했다.

혼자도 충분히 걸을 수 있는 아이지만 유모차에 태우고 어린이집과 집을 오가는 엄마의 눈에서 언제나 사랑이 뚝뚝 떨어졌을 것을 그려볼 수 있었다.

그렇게 매일매일 지나가는 길목의 가게 앞에서 세워놓은 바람개비를 신기하게 바라보는 그 아이의 호기심 어린 눈은 카페 사장님이 보기에도 마치 곧 피어날 꽃망울 같았다고 한다.

그런데 이렇게 호기심 가득한 아이의 눈과 사랑하는 엄마의 눈을 연결해주는 바람개비가 고마웠던 것 같다. 이 바람개비를 설치한 마음이 꽤 따뜻하게 느껴졌던지 어느날 그 엄마와 아이가 카페 안으로 들어와 만나게 되었다고 했다.

바람개비를 바라보는 세 살배기 동심과 함께 걷던 엄마와 카페 사장님이 만나서 대화를 나누게 되었는데, 그 시간은 따끈따끈한 차 한 잔보다 더 따뜻한 마음과 마음을 잇는 시간이었다고 한다. 차를 한 잔 앞에 두고 앉자마자 진짜 대면은 처음이었는데도 마치 단골손님처럼 느껴졌고, 서로 오랫동안 알아 온 사람처럼 정겹게, 서로 마음을 열고 일상을 나누었다고 한다. 그리고 이미 언제라도 가볍게 들려 차 한 잔 함께 할 수 있는 사람이 되어 있음을 느꼈다고 한다.

우리 동네에는 "꿈터 도서관"이라고 하는 아동 도서관이 있다. 그 도서관 유리창에는 "한 아이를 키우려면 온 마을이 필요하다"라는 유명한 말이 붙어있다.

요즘 아이들은 너무 좋은 환경, 너무 풍요로움 속에서 자라는 것 같지만 아이들의 진짜 가까운 곳에는 불량식품처럼 불량언어, 불량관심, 불량친절이 넘쳐난다. 아이들은 그런 것들을 받아먹고 자란다. 생각이 있는 어른들은 그런 것을 받아먹고 혹시나 아이들이 불량 인간으로 자라게 될까 봐 걱정한다.

그런 면에서 정작 아이들을 진짜 건강하게 자라게 하는 것은 바람개비를 세우는 것과 같은 온기 가득한 마음이 아닐까 하는 생각을 한다. 이런 마음이 아이들의 미래를 키우고, 건강한 가슴을 키우고, 이웃을 향한 관심을 키우고, 사랑스럽지 않은 사람까지도 품을 수 있는 관용을 키우는 것이 아닐까?
정말 그렇다.

바람개비 얘기를 들으면서 엄마의 사랑과 이런 이웃들의 마음을 먹으면서 우리 아이들의 미래가 자라고, 건강한 가슴이 자라고, 이웃을 향한 관심이 자라고, 이웃에 대한 관용이 자라지 않겠느냐고 생각했다.

18.
친구의 사람들

  격주로 목요일은 특별한 일이 아니면 스케줄을 잡지 않고 친구도 만나고, 산에도 가고 그러려고 생각한 후 세 번의 격주 목요일이 지났다. 지난주 목요일은 좀 특별한 계획을 세워서 대전으로부터 아주 먼 곳에 있는 친구를 만나러 갔다. 하루에 다녀오기에는 좀 벅차게 느껴졌지만, 아침 6시 40분에 출발했다.

  울진 백암온천 근처에서 "나는 자연인이다"에 가깝게 사는 친구를 만나고, 다시 이동을 해서 봉화에서 역시 "나는 자연인이다"라고 하면서 사는 친구를 만나고 돌아올 생각으로 출발했다.

  백암온천 근처의 촌가에 사는 친구 K와는 자주 전화 통화하는 편이지만 몇 년 만에 만났다. K가 요즘 책을 쓰고 있다는 것을 통화하면서 들었었다. K의 집에 도착하자마자 냉장고에서 수박을 꺼내 와서 시원하게 두어 쪽씩 먹고 한숨 돌리자마자 노트북을 켜고 쓰고 있다는 책을 보여주었다. 읽어 보고, 코멘트를 좀 해달라는 것이었다. 내가 감히 코멘트를 할 것도, 할 수도 없었지만, 그래도 진지하게 읽었다.

그가 지금까지 살아오면서 만났던 사람 중에 친하고, 마음이 통하고, 추억이 있고, 고마운 분들에 대한 글이라고 했다. 신앙적으로나 삶에 영향을 준 스승들, 친구들, 부랄친구들(소리 나는 대로 귀엽게 쓴 듯) 등등 몇 개의 글을 읽는 동안 너무 감동이 밀려왔다. 시간이 많지 않아서 다 읽을 수는 없었지만, 30여 명이나 되는, K가 소중하게 여기는 분들이 있다는 것이 너무 부자스럽게 보이기도 하고, 넉넉해 보이기도 하고, 자랑스럽기도 했다. 지금까지도 좋은 친구로 생각해서 백암온천까지 달려갈 수 있었지만, 다시 한번 "참 좋은 친구구나"라는 생각을 했다. 나에 대한 글도 있었는데, 보지 않으려고 마우스를 빠르게 굴려 넘겼다. 다음에 책으로 나왔을 때 읽으면서 더 큰 의미와 기쁨을 누리기 위해서였다.

친구가 정성껏 준비해 놓은 산촌의 먹거리들을 선물로 듬뿍 받아서 차에 싣고, 함께 친구의 집을 나서서 백암온천 근처에서 같이 점심을 먹고 헤어졌다. 백암온천에서 봉화로 향해 가는 길에 구주령이라는 고개가 있었다. 구주령에 들려서 차를 한 잔 마시고 가라는 친구의 말대로 구주령휴게소에 들렸다. 휴게소의 사장님을 찾아서 친구의 이름을 얘기했더니 앉으라고 하더니 아이스커피를 한 잔 주셨다.

휴게소 사장님은 묻지도 않았는데 K에 대해서 말씀하셨다.
"그 사람은 동생뻘이지만 사람이 참, 진솔하고, 정직하고, 성실한 사람입니다. 저는 지금까지 그런 사람을 만나본 적이 없습니다."
나도 "정말 훌륭한 친구입니다"라고 맞장구를 쳤다.

내가 K와의 좋은 추억과 함께 공유하고 있는 기억들도 소중하지만, 그것들보다 그 친구가 가진 소중한 사람들이 모두 나의 소중한 사람들로 느껴졌다. K는 정말 부유한 사람이라는 생각이 들었다. 그리고 나를 돌아봤다.

내가 소중하게 생각하고, 또 나를 소중히 생각하고, 과거가 아니라 바로 지금도 그렇게 서로를 생각하며 사는 사람들이 누구, 누구일까를 생각해 봤다.

19.
확진자

목회자 모임이 있었다. 연말이 되어서 총회를 하는 날이었다. 점심을 먹고, 오후에는 족구를 하고, 저녁을 먹은 후에 총회를 하기로 하였다.

코로나 감염을 방지한다는 명목으로 온 나라가 웬만한 모임은 원천적으로 봉쇄된 채로 거의 일 년 반 넘게 지냈는데, "위드코로나"라는 이름을 붙여, 제법 규모 있는 모임도 가능하도록 허용이 되었다.

그래서 12월 6일 총회를 개최하기로 계획을 세웠다.
그런데 12월 6일부터 바뀐 "위드코로나" 거리두기의 규정이 발표되었다. 우리가 계획한 것에서 변경해야 하는 것이 "식사는 8명 이내로 해야 한다."는 것이었다. 연말이기도 하고, 오랫동안 만나고 싶었던 분들과 만나는 것이 몹시 설레고 기대가 되었다. 식사는 꽤 괜찮은 뷔페식당으로 예약을 했었는데 예약을 취소해야 했다. 대신에 점심을 위해서 메뉴가 서로 다른 네 개의 식당, 저녁도 메뉴가 다른 네 개의 식당을 정해서 먹고 싶은 메뉴로 선택해서 나누어 먹기로 했다.

여덟 명 이내로 나누어 점심을 맛있게 먹고, 갑천변 운동장으로 옮겨 오랜만에 아주 재미있고, 신나게 족구했다. 운동 후에 또 나뉘어 8명 이내로 맛난 저녁을 먹었다. 그리고 예정대로 우리 교회로 옮겨 총회를 시작했다. "은혜"라는 찬양을 하면서 우리는 정말로 하나님의 풍성한 은혜가 강물처럼 흘렀다.

그래, 이 맛이야!

다시 이렇게 만날 수도 있구나!

우리가 이렇게 만나 이렇게 좋은 시간을 보낼 수도 있구나!

코로나가 이렇게 우리를 겸손하게도 하는구나!

정말 순탄하게, 아무런 갈등도 없이 총회의 일정이 끝났다. 그리고 헤어지기가 아쉽게 헤어졌다. 그리고 하루, 이틀, 사흘째 되는 목요일이었다.

전화가 왔다.

"D 목사님의 사모님이 확진되었답니다. 그리고 D 목사님도 코로나 검사를 했는데 만일 D 목사님이 확진이 된다면 그날 총회에 참석했던 분들은 모두 코로나 검사를 해야 한다고 합니다."

참석했던 목사님들이 이쪽에서 저쪽으로, 저쪽에서 이쪽으로 전화가 바쁘게 오갔다.

"당연히 D 목사님은 음성이겠지" 하고, 대수롭지 않게 하루가 지났다.

이튿날 아침이 되어도 아무 소식이 없었다.

드디어 전화가 왔다.

"D 목사님이 확진이랍니다. 우리도 모두 검사를 해야 한다고 합니다."

처음으로 선별검사소라는 곳을 향했다.

길게 늘어선 줄의 꽁무니를 따랐다.

긴 줄이 빠르게 앞으로 끌려 들어갔다.

큐알코드가 그려진 배너 광고 대가 여기저기 세워져 있고, 모바일로 검사 신청서를 작성하라는 문구가 적혀 있었다. 핸드폰으로 큐알코드를 찍어서 들어갔다. 인적 사항을 다 적고, 우편번호 검색으로 주소를 넣으려고 했더니 주소 검색이 안 되었다.

"주소 검색이 안 됩니다."

"아, 네. 지금 인터넷이 안 됩니다. 수기로 작성해 주세요."

안내하는 사람이 손에 들고 있던 종이로 된 신청서와 볼펜을 주었다.

신청서를 써서 접수 창구에서 접수했다.

"어떻게 오셨습니까?"

"같이 회의에 참석했던 분이 확진되었다고 합니다. 그래서 검사받으려고 왔습니다."

"마스크를 쓰고 회의를 하셨습니까?"

"네에, 마스크를 쓰고 회의를 했습니다."

"그럼, 단순 접촉으로 하고 검사를 하겠습니다."

안내 해주는 대로 "검체채취"라고 쓰인 창구로 갔다.

"먼저 입안에서 채취할 테니 마스크를 턱까지 내려주세요."

어금니 쪽 입안 벽을 긴 면봉처럼 생긴 것으로 두어 번씩 문질렀다.

"됐습니다. 마스크를 코 바로 밑까지 올려주세요. 이제 코에서 채취합니다."

왼쪽 콧구멍으로 아까 그 긴 면봉 같은 것으로 콧속으로 푸~욱 넣었다.

순식간에 일어난 일이지만 눈물이 핑 돌았다.

"자 이제 마스크를 올려주세요. 결과는 내일 오전에 나옵니다. 이제 돌아가시면 됩니다."

교회로 돌아왔다.

드디어 나도 연락할 사람들이 생각났다.

아내에게, 그리고 딸에게 전화했다.

"월요일 총회에서 만났던 D 목사님의 사모님이 확진되셨고, D 목사님도 검사를 했고, 나도 검사를 해야 된다고 해서 검사를 하고 왔어."

아내가 말했다.

"그래, 그럼 나도 검사를 해야겠네. 나는 수요일에 했는데, 다시 해야겠네."

아내와 딸도 직장에서 오후 반일 휴가를 내어 검사를 하겠다고 했다.

나는 온종일 설교 준비를 하면서 성도들에게 틈틈이 전화를 걸었다.

그간 있었던 일을 말해주고 "오늘 금요기도회는 오지 마시고, 집에서 기도하세요."라는 말을 남겼다.

"앞으로 어떻게 대처해야 할까?"

"그날 이후로 내가 만났던 사람들이 몇 명이나 될까?"

기억을 더듬어보기 시작했다.

"나는 아직 확진되지 않았지만, 그들에게 미리 연락해야 하나, 결과가 나올 때까지 가만히 있어도 될까?"

"미리 연락을 하면 검사도 하고, 주의도 하겠지만, 지금의 나처럼 초조해하면 어쩌지?"

생각이 이리저리 복잡하게 교차가 되고, 어떻게 하는 것이 잘하는 것일까를 반복해서 생각하고, 또 생각하게 되었다.

정직하자니 혼란을 줄 것 같고, 침묵하자니 부도덕한 것이 아닌지 생각이 정리되지 않았다.

"일단 잠은 교회에서 자고, 가족들과 접촉하지 말아야지!"

아내에게 약간의 먹을 것과 이불이랑 간단히 혼자 살 수 있는 물품을 비대면으로 전달받았다. 검사 결과가 다음 날 오전에 나온다는 말을 듣고 왔지만 빨리 알 수 있는 길이 없을까 하고 이리저리 생각해 보았다. 보건소에 근무하는 P 권사님에게 전화했다.

"제가 오늘 코로나 검사를 했는데, 오늘 중으로 결과를 알 수 있나요?"

"오늘 검사는 밤 12시 전에 결과가 나옵니다. 확진되면 12시 전에 전화로 연락할 겁니다. 12시 전까지 연락이 안 오면 음성이라고 생각해도 될 겁니다."

"아, 네."

전기온돌을 켰지만, 평소에 사용하지 않던 곳이라 몹시 추웠다.

습관대로 10시쯤 잠을 청했지만 초조했다.

수시로 깨어 전화를 확인했다.

전화도 문자도 오지 않았다.

12시가 넘었다. 그래도 초조함은 조금도 가시지 않았다.

새벽에 일어나 혼자 기도를 하는데, 6시가 되자 문자 오는 진동이 느껴졌다.

"[Web발신] 이금환님 12/10 코로나19 PCR검사결과 음성입니다."

길게 이어진 다른 말들보다 문자의 맨 앞에 씌어있는 "음성"이라는 말이 이렇게 반가울 수가 없었다.

속으로 "음성이니까 집으로 돌아가도 되겠구나."라는 생각을 하며 짐을 쌌다.

"나 음성이래."

평소에는 잘 사용하지도 않던 말이나, 단어가 갑자기 유행어가 되는 경우는 종종 있다. 최근 2년여 동안 전 세계를 휩쓸고 있는 단어가 "확진자"이다. 확진자란 어떤 "질환의 종류나 상태를 확실하게 진단받은 사람"을 일컫는 단어인데, 어떤 이라는 이름을 붙이지 않아도 통하는 단어가 되었다. 대유행, 팬데믹이라는 말을 덧붙여 표현되고 있는 코로나가 "확진자"라는 단어가 하나의 대명사 되어 버렸다.

20.
가족

　우리가 살고 있는 이 시대는 어쩌다가 이렇게 됐는지 모르지만, 가족이 헤어져 사는 일이 특별한 일이 아니고, 오히려 가족이 함께 사는 것이 특별한 가정이라고 생각될 만큼 가족이 다양한 이유로 뿔뿔이 흩어져 사는 시대인 것 같다.

　직장 때문에 주말 부부로 사는 경우도 많고, 자녀들 교육 때문에 부득이하게 가족이 떨어져 사는 경우도 많다. 꼭 죽음이 아니라도 여러 가지 이유로 헤어지고, 흩어져 사는 가정들이 아주 많다. 내가 목회하는 지역의 초등학교는 아이들의 65% 정도가 엄마나, 아빠나 어느 한쪽 부모하고 살거나, 외가에서 외할머니 외할아버지와 살거나, 친가의 할머니 할아버지와 사는 아이라는 말을 들은 적이 있다. 물론 통계가 정확한 것인지는 잘 모르지만, 가족이 함께 살지 못하는 비중이 엄청나게 크다는 것은 분명한 것 같다.

　초등학교 운동장에서 축구하다가 만났던 Y라는 아이와 친해져서 가족 얘기를 하게 되었다.
　"아빠는 뭐하시니?"

"아빠는 필리핀에 계세요."

"그렇구나, 아빠는 자주 오시니?"

"잘 안 오세요."

그런가 보다 했다.

그렇게 만남의 횟수가 많아지면서 Y와 꽤 친해졌다.

Y는 의젓하고, 일찍 철이 든 아이라는 생각이 들었다.

그렇게 지내다가 어느 날 벤치에 앉아서 얘기하다가 갑자기 Y가 엉엉 울면서 말했다.

"우리 아빠는 나쁜 놈이래요."

"그게 무슨 말이니?"

"우리 엄마가, 우리 아빠는 나쁜 놈이래요."

"왜 아빠가 나쁜 놈이야?"

"엄마랑 저를 놓고 필리핀으로 떠나버렸데요."

"그랬구나."

"목사님, 제가 거짓말을 했었요."

Y는 몇 달 후 어느날부터 나타나지 않았는데, 어디론가 이사 갔다는 것을 알게 되었다.

Y가 이사갔다는 소식은 Y의 친구들이 전해주었다.

전화해 보니 Y도, Y의 엄마도 이미 전화번호가 바뀌어 있었다.

옛날 같으면 학교에 물으면 어느 학교로 전학을 갔는지 알 수도 있었는데, 요즘은 "개인정보 보호"라는 것 때문에 어디에 물을 곳도 없고, 알려줄 만한 곳도 없다.

초등학교 5학년이었던 Y가 울면서 "우리 아빠는 나쁜 놈이래요."라고 한 말이 지금도 귀에 쟁쟁하다.

나와 우리 가족은 하루나 이틀 정도 출장이나, 잠깐의 여행이나 이런 것 외에 가족이 떨어져 산 시간이 거의 없으니, 하나님의 특혜를 입고 살아온 것이 분명하다. 나는 집에 혼자 있는 시간이 거의 없었다.

그런데 처음인 듯 혼자 보낼 수 있는 3일이라는 시간이 주어졌다.
아내는 2박3일 간 직장 일로 교육을 받으러 갔고, 딸은 직장 일로 전주에 가 있고 혼자 3일을 지냈다. 오늘이 그 마지막 날이다.

3일간 점심 저녁은 밖에서 먹었지만, 아침은 혼자 집에서 해결했다.
오늘 아침에는 새벽기도 끝나고 교회 옥상정원에서 내가 키운 돌미나리와 취나물과 더덕 순을 뜯어 왔다.

나는 채식주의자는 아니지만 나의 입에는 싱싱한 채소가 아주 맛있다. 금방 살아서 밭으로 돌아갈 것 같이 싱싱한 것을 좋아한다.
운동장에 나가 아침 운동을 하고 들어와서 내가 가장 좋아하는 스타일의 아침을 준비했다.

 취나물은 씻은 후에 끓는 물에 살짝 데쳤다.
 그리고 상추와 돌미나리와 더덕 순은 두어 번 씻기만 했다.
 밥과 데친 취나물, 돌미나리, 더덕 순, 약간의 김치와 고추장, 참기름을 넣고 비볐다.
 아침 식사로 비빔밥, 아침 식사로 상추쌈은 어떤 사람들에게는 아주 안 어울리는 식사일 수 있지만 나에게는 가장 잘 어울리고, 맛있고, 신나는 메뉴이다.

 푸성귀를 듬뿍 넣고, 참기름도 좀 넣고, 고추장을 반 스푼 정도 넣어서 마구 섞으면 되는 것이 비빔밥이다. 비빔밥은 격이 있는 식사도, 품위 있는 식사도 아니지만 나에게는 아주 정겨운 식사이다.

 두 번의 아침을 비빔밥으로 먹었다.
 아침을 먹으면서 몇 년 전의 일인데 갑자기 Y가 떠올랐다.
 그리고 그 남긴 말들도 생각이 났다.
 지금은 많이 커서 엄마와 함께 울먹이지 않으면서 살고 있으면 좋겠다.

 혼자 있는 시간의 한가로움, 혼자만의 단출함, 혼자만이 누리는 자유도 좋긴 좋다.

그래도 혼자보다는 가족과 함께하는 것이 더 좋다. 가족은 항상 죽고 못 사는 사이로만 존재하는 것은 아니다. 가족은 때론 무게감도 느끼게도 하고, 때론 가슴을 살짝 눌러 오기도 하고, 때론 서로 목소리도 높이고, 때론 서로 우기기도 하고, 고집도 피우고, 이해가 안 되기도 하고, 고의로 가슴 아프게도 하고, 의외로 큰 갈등을 안고 살아가기도 한다. 그럼에도 가족은 울타리이고, 서로 삶의 위로와 안정의 공여자가 되어준다. 하나님이 주신 선물 가운데 가장 첫째 되고, 큰 선물은 가족이 아닐까?

21.
나주곰탕

천사대교를 가다가 광주와 나주로 이어지는 고속도로를 지나 점심 먹을 시간이 되어 식당을 검색해 보니 나주는 배만 유명한 줄 알았는데, 나주는 나주곰탕이 유명하다는 것을 알게 되었다. 나주곰탕이라는 상호가 붙은 집이 너무 많았기 때문이다. 본점, 원조, 0호점과 같은 수식어들이 붙은 곰탕집이 쫘~악 나왔다.

대전에서도 "나주곰탕"을 먹곤 했지만 어쩌다 이름이 나주곰탕이고, 나주 출신인 분이 곰탕집을 운영하다가 성공해서 나주곰탕이라는 프랜차이즈 사업을 하나보다 정도로 생각했었다.
"이렇게 무식할 수가 있나!"

"하얀집"이라는 집이 110년이 넘은, 몇 대를 이어 나주곰탕 집을 운영해 오고 있다는 것도 이번에 알았다.
내비게이션으로 찍고 갔는데, 주차장도 없고, 삐까뻔쩍한 집도 아니었다.

주변을 한 바퀴 돌다가 근처 아파트 단지에 주차하고 걸어가 식당 출입문을 들어서자, 오른쪽에 대형 가마솥이 2개가 보였고, 점심시간이 조금 지난 시간인데도 곰탕을 먹고 있는 분들이 꽤 많이 있었다.

첫인상은 대형 가마솥을 실내에 설치해 놓은 것 외에는 "오래된 평범한 식당"으로 보였다. 자리에 앉기가 무섭게 주문을 재촉했다.

"여기가 유명한 나주곰탕 집인가 봐요?"

"네! 110년이 넘었습니다."

벽에 걸린 메뉴판을 보니 곰탕과 수육곰탕, 수육이 주메뉴였다.

곰탕 2인분을 주문했다.

깍두기, 김치, 양파와 청양고추, 조그마한 플라스틱 용기의 한쪽 귀퉁이에 밤톨만 한 노란 된장을 마치 문질러 놓은 듯하게 나왔고, 곧이어 곰탕이 나왔다.

맑은 국물에 소고기 그리고 밥이 말아서 나왔다.

국물도 맛있고, 소고기도 부드러웠다.

기름기도 전혀 보이지 않았고, 어떤 냄새도 나지 않았다.

아내와 함께 이구동성으로 서로 말했다.

"참 맛있다."

"참 괜찮다."

평범하게 보이는 깍두기도 맛있었다.

깍두기를 다 먹고 서빙하는 직원에게 리필을 요청했다.

"깍두기가 참 맛있습니다."

"이번에 더 맛있게 익은 것 같습니다."

벽에는 "나주곰탕 하얀집"의 역사를 보여주는 연대표와 글귀가 액자에 담겨 있었다.

- 초대 창업자 OOO(1881-1972). 1910년〔류문식당〕창업.
  해장국, 국밥 창업
  "내가 먹는 음식처럼 정성을 들여라."

- 2대 며느리 OOO(1910-1978). 1940년대 가업 계승.
  해장국, 국밥, 육회비빔밥, 복탕 판매
  "정신을 바짝 차려라 남들이 자는 시간에 끓이는 귀중한 요리이다."

- 3대 OOO 명인(1935-2016), 1960년 가업 계승.
  2007년 대한민국 대한명인 선정.
  "정직하고 즐거운 마음으로 임해라 마음이 깃든 음식이야 말로
  최고의 음식이다."

- 4대 OOO(1958-현재). 1990년 가업계승.

  나주곰탕 하얀집 하남점 경영.

  "좋은 재료와 성실한 노력이 최고의 음식을 만든다."

국물까지 완벽하게 다 먹었다.

뭔가를 가미해서 맛을 낸 것 같지 않았다.

달거나, 쓰거나, 독특한 향이 나는 것도 아니었다.

그런데 맛있었다.

이렇게 진짜(?) 나주곰탕과 맛있게 만났다.

22.
천사대교

왜 천사대교일까?

포털사이트에서 검색해 보면 금방 알 수 있었을 텐데, 검색해 볼 생각은 못 하고, 천사대교라는 이름을 들을 때마다 "왜 이런 이름을 붙였을까?"하고 생각하곤 했었다.

아내가 이틀간 휴가를 냈다고 어딘가 다녀오자고 해서 "어디를 갈까?"하고 이곳저곳 평소에 가보고 싶었던 곳 중에서 한 곳, 한 곳을 말하면 거기는 멀어서 안 되고, 거기는 굳이 1박을 하면서까지 가고 싶지 않고, 쉬려고 휴가를 냈는데 그렇게 멀리까지 가고 싶지 않다며 안 되고……

이견을 조율하다 보니 점점 어딘가로 떠난다는 것 자체가 근본적으로 흔들리기도 했다. 그때 평소에 가보고 싶은 곳을 메모해 둔 스마트폰의 메모지를 펼쳐서 다시 남해, 통영, 대천, 대둔산, 천사대교, 백암온천…… 마구 불렀다.

"오늘은 천사대교에 가보면 어떨까?"
"거기가 어디 있는데?"

"신안!"

"거기 너무 먼 곳 아니야?"

"한 번 가봅시다!"

"너무 멀면 힘든데……."

"운전은 내가 하니까 옆에 앉아있기만 하면 돼."

아내는 30년 넘게 손수 운전해서 출퇴근하지만 나와 함께 이동할 때는 거리에 상관없이 운전석에 앉아 있다가도 말없이 내려서 촘촘 걸음으로 조수석으로 가서 앉는다. 아주 먼 길을 다녀올 때면 운전대를 맡기고 싶을 때도 더러 있지만 운전을 좋아하는 나와 운전을 부담스러워하는 아내는 "운전은 무조건 남편이 하는 것"이라고 계약이라도 되어 있는 것처럼 운전은 나의 몫이 된다.

드디어 천사대교로 가기로 합의했다.

여행은 어디로 가든지 아는 만큼 보이고, 아는 만큼 들린다는 것을 알고 있기에 "출발하기 전에 검색이나 한 번 해보고 가자"는 생각으로 검색해 봤더니 집에서 천사대교 전망대까지는 200킬로미터가 훨씬 넘었고, "천사"는 섬이 1,004개라서 붙여진 이름이라는 것도 알게 되었다.

"얼마나 섬이 많길래 1,004개나 될까?"

"정말 섬이 1,004개일까?"

아무런 준비도 없이 "일단 가보자, 가려고 하는 마음이 준비지"라고 생각하고 출발했다. 그냥 나의 이끎에 못 이기는 척 따라나서 주길래 천천히 다녀오자는 생각으로 천사대교를 향했다.

나에게는 정말 어려운 것이 규정 속도대로 달리는 것이었다.그런데 전기차로 바꾸고 운전 습관이 바뀌었다. 최대한 고속도로 규정 속도에 맞추어서 달렸다. 그렇게 달리는 것은 전기차는 100킬로미터를 넘기면 연비가 많이 줄어들고, 과속을 많이 하면 밧데리 수명이 짧아진다는 유튜버들의 가르침을 상당히 과학적인 것으로 받아들여 따르기로 하고부터다.

가다가 점심시간이 지나서 나주에서 나주곰탕을 한 그릇씩 먹고 다시 출발했다. 나주, 무안을 지나자 큰 다리가 나타났다.
"천사대교인가?"
천사대교를 검색해 봤을 때 그 규모나 다리 형태 등에 대한 정보를 보았던 것과 달라서 "무슨 다리일까?"하고 가까이 가보니 "김대중대교"였다.
"이런 이름의 다리도 있구나!"

체육인의 이름을 붙인 거리, 체육인의 이름을 붙인 체육관이 있다는 것은 알고 있었지만, 김대중대교가 있는 줄은 몰랐다.

우리나라는 유난히 정치인에게 인색한 것인지, 정치인이 잘못하기 때문인지 "정치인 중에 진짜 존경받는 사람이 있을까?"라는 생각을 해오던 터라 다시 한번 생각해 보게 됐다.

관심이 없었던 탓도 있었겠지만, 천사대교는 알았는데 김대중대교라는 다리가 있다는 것을 들어보지도 못한 것을 보면 사람들의 입에도 그만큼 오르내리지 않기 때문이 아닐까라고 생각했다. 전에 광주에 갔다가 "김대중센터"라는 곳이 있다는 것을 알았을 때의 낯설게 느껴졌던 것과 비슷한 느낌을 또 받았다.

이곳 사람들은 그분을 선생님이라고 부르고 있다는 것을 익히 알고 있지만, 지금까지도 주민들이 그분을 많이 존경하고, 다리에 그분의 이름을 붙여 불러도 고치자는 말이 나오지 않는 듯 아직도 그대로 있는 것을 보면 여전히 좋게 여기고 있는 것 같다는 생각을 하며 다리를 건넜다.

김대중대교를 지나서 내비의 안내를 따라 몇 킬로미터를 더 갔더니 천사대교라는 이정표가 더 자주 보이더니 드디어 거대한 주탑이 보였다.

멀리서 봐도 높고, 웅장하고, 길다는 것을 알 수 있었다. 길이 7.3킬로미터 세 개의 주탑 중에서 가장 높은 주탑은 161미터라고 한다. 운전을 하면서 바라본 바다와 섬들은 아주 잘 어울렸다. 딱 한 줌의 흙, 딱 한 개의 돌을 가져다 놓은 것처럼 손바닥만 하게 보이는 섬들도 있고, 병풍처럼 바다를 두르고 있는 큰 섬들도 있고, 크고 작은 섬들이 한 바다였다.

"저 많은 섬을 어떻게 세었을까?"
"항공 사진으로, 아니면 지도를 보고, 아니면 배를 타고 다니면서……?"

아내는 연신 "천사대교 지나면서 저 많은 섬을 본 것만으로도 오늘 장거리 드라이브는 충분히 의미가 있었던 것 같아"라고 말한다.

자은도 해변에 있는 씨원리조트까지 갔다. 해수욕장을 잠깐이라도 걸어 보고 싶었는데, 바람도 많이 불고 너무 추웠다. 이미 한 뼘이 넘게 파랗게 자란 마늘과 양파가 드문드문 쌓인 눈과 해풍을 맞으며 떨고 있었다.

나는 아내에게 "평년 같으면 남도의 바람이 이렇게 차갑지는 않았을 텐데"라며 해변으로 나가지 않고 그냥 집으로 향하는 것에 대한 암묵적 동의를 구했다. 돌아오려고 내비를 찍었더니 집까지 259킬로미터라고 나왔다. "천사대교를 건너보려고 참 먼 길을 달려왔구나"라는 생각과 함께 그렇지만 오기를 참 잘했다고 생각했다.

돌아오는 길에 천사대교와 함께 어우러져 있는 겨울 다도해 풍경을 다시 보면서 아내가 "천사대교와 다도해를 본 것으로 충분하다"고 말해주는 것이 고마웠다.
멀지만 의미 있는 드라이브를 했다는 뿌듯함 같은 것을 느끼면서 집으로 향했다.

23.
L 집사님이 간암으로 가시던 날

　L 집사님은 최근 몇 년간 간암으로 대전의 모 대학병원 입원에 입원을 거듭하고, 또 잠깐 집으로 퇴원했다가 다시 입원하기를 반복했다.

　그는 이미 몇 번의 혼수상태를 겪었고, 이제 얼마 남지 않은 것 같다고 했었다.
　그가 겪은 간성혼수는 간경화나 간암의 말기증상으로 나타나는 것이라고 했다.
　자주 죽음의 위협을 느낀다고 했고, 고통도 심하다고 호소하곤 했다.

　대소변이 안 나와서 고통스럽고, 복수가 차서 배가 부풀어 오르는 것 같을 때가 가장 두렵고 힘들다고 했다.
　"목사님, 다른 것은 두렵지 않은데 고통 때문에 믿음을 잃지 않을까 두렵습니다."

　나는 그를 거의 20년 넘게 때론 가까이서, 때론 멀리서 보아왔다.
　그런 그가 늘 안타깝고, 안쓰럽고, 또 미안한 표현이지만 내 눈에 비친 그는 늘 변덕스럽고, 꾸준하지 못하고, 늘 술에 취해 있었다. 그의 마음 깊은 곳이야 다 알 수 없었지만, 곁에서 보기에는 그저 마음 내키는 대로 사는 사람처럼 보였다.

간경화에서 간암까지, 그리고 항암 치료와 치료 사이에도 조금만 몸을 가눌만하면 1주일, 2주일, 한 달씩 술을 마시다가 스스로 술을 절제할 수 없어서 119구급차에 실려 응급실 입원이라는 자발적 격리와 약물의 도움을 받고는 잠시 벗어나곤 했다.

그런데 오늘 병실에서 만난 L 집사님은 이렇게 말했다.
"아이들이 걱정되고, 우리 집사람 걱정도 되지만 이제 하나님을 만날 준비가 되어 있습니다."
이 고백을 하는 그는 진지하고, 그의 말은 진솔하게 들렸다.
나는 그가 그렇게 고백하는 것만으로도 하나님께도 감사하고, 그에게도 감사하다고 말했다.
그 고백을 들으면서 나는 이런 생각을 했다.
"어쩌면 마지막 고백일 수도 있겠구나."
.
그가 말을 꺼냈다.
"그때 성경공부했던 시간과 상신리 계곡에서 발을 씻겨주시던 시간이 너무너무 생생하여, 내 마음은 자주 그곳으로 나들이를 다녀옵니다."라는 말을 하는데 고맙기도 하고, 슬프기도 했다.

거의 20년 전에 있었던 일이었다.

그는 더 이상 힘을 낼 수 없는 것 같았다.

목소리도 힘을 잃고 그의 말은 마치 실보다 더 가느다란 줄을 어렵게 토해 내는 것 같았다.

"너무 먹고 싶은데 넘어가지 않네요."

더 버티고 싶고, 더 연장하고 싶고, 더 길게 가고 싶은데 안 된다는 것을 알고 있는 듯했다.

그의 몸에는 소변줄과 이런저런 줄이 다른 어떤 때보다도 더 많은 줄이 마치 그물처럼 얽혀 그의 몸을 감싸고 있었다.

그에게 조금이라도 생명을 연장할 수 있도록 공급해는 줄들이 몸에 달려 있었지만, 그 줄들이 그냥 몹시 무겁게만 느껴졌다.

힘이 없고, 체온이 느껴지지 않는, 아니 이미 많이 식은 손을 잡고 기도했다.

앉기도 힘겨워하면서도 무릎을 꿇으려고 애를 써서 무릎을 꿇었다.

그리고 내 손을 꼬옥 잡는 그의 손의 힘이 느껴졌다.

기도를 마치고 병실을 나왔는데, 불과 두어 시간 후에 그의 아내에게서 전화가 왔다.

"목사님, 빨리 와주세요."

"아이들 아빠가 가신 것 같아요."

24.
개미와의 전쟁사

    겨울에 실내에 들여놨던 천냥금 화분을 봄이 되어 거의 죽기 직전에 햇볕이 잘 들고, 공기가 잘 통하는 옥상정원에 내놓았더니 싱싱하게 살아나고, 열매까지 맺어서 다시 예배당 뒤편 창가에 놓으려고 화분을 들었는데 화분 밑에 엄청난 개미가 보였다.

    일단 임시처방으로 보이는 개미를 향하여 에프킬라를 뿌려보았더니 보이는 녀석들은 활동이 둔화되고, 죽어가는 것처럼 보였다.

    문제는 식물이 죽을 까봐 식물을 향하여 직접 분사할 수 없다는 것이었다. 더구나 화분의 흙 속에 있는 개미들과 그 안에서 계속 알을 까는 여왕개미는 퇴치할 마땅한 방법이 없었다. 만약 이대로 실내에 들여놓으면 예배당 전체에 개미가 퍼지고, 다른 화분에도 개미가 서식할 수 있다는 생각이 들어서 일단 화분을 실내에 들여놓는 것은 보류하였다.

    개미와의 한판 전쟁을 벌이기로 했다.
    그래서 나름 나의 아둔한 머리를 짜내서 꽤 묘책이라고 생각되는 방법을 써보기로 했다. 화분을 싱크대에 놓고 수돗물을 계속 틀어 놓는 방법이었다.

　전쟁 첫째 날, 수돗물을 계속 흘려 화분에 물이 넘쳐 흐르게 했다. 흙 속에 있던 개미들이 물을 피해서 흙 위로 올라왔다. 아주 조그마한 개미들의 움직임이 굉장히 빨라지면서 마치 "걸음아 나 살려라"고 외마디 소리라도 지르듯이 거의 바퀴벌레 수준의 빠르기로 혼비백산하여 물 위로 떠 올라서 떠내려가는 놈들, 천냥금 위로 타고 올라가는 놈들, 화분의 아래, 위, 옆으로 달음질쳐 밖으로 도망치는 놈들 등 한바탕 소동이 벌어지는 인공홍수 수공을 30분 넘게 퍼부었다.

　전쟁 둘째 날, 겉으로는 개미가 덜 보이는 것 같았다. 다시 수도꼭지를 틀어 화분에 물이 넘치게 했다. 어제와 조금도 변화가 없는 것처럼 보였다. 흙 속에 있던 개미들이 물을 피해서 다시 흙 위로 쏟아져 나왔다. 아주 조그마한 개미들의 움직임이 굉장히 빨라지면서 어제와 거의 똑같은 수준으로 "걸음아 나 살려라" 하듯이 동물 중에서 가장 빠르다는 치타의 빠르기처럼 움직였다. 물 위로 떠 올라서 떠내려가는 놈들, 천냥금 위로 타고 올라가는 놈들, 화분의 아래, 위, 옆으로 달음질쳐 밖으로 도망치는 놈들 등 또다시 한바탕 소동이 벌어지고, 나는 어제와 같은 수공을 퍼부었다. 오늘은 수돗물을 한 시간 넘게 틀어 놓았다. 그래도 수돗물을 무작정 틀어 놓을 수만은 없었다. 마음이야 아침부터 저녁까지 틀어 놓고 싶지만 익사해서 죽을 놈은 이미 다 죽었겠다 싶어서 한 시간 동안 공격을 퍼부은 것으로 만족했다.

전쟁 셋째 날, 오늘은 겉으로 보기에는 어제보다 조금 더 개미가 적게 보여서 깜빡 속을 뻔했다. 개미가 거의 다 죽었으려나 하는 막연한 기대감에 사로잡혔다. 다시 수도꼭지를 틀었다. 물이 차오르자, 흙 속에 있던 개미들이 다시 "메롱!"이라고 입을 삐죽이면서 비웃기라도 하듯이 마구 쏟아져 나왔다.

"오늘은 더 장기전을 펼치리라!"

수돗물의 양을 조절해서 계속 틀어 놓았다.

몇 시간을 계속 지켜 서 있는 시간이 아까워 켜놓고 자리를 비웠다가 돌아와 보니 개미들이 별로 눈에 띄지 않았다.

"이제 내가 승리한 것일까?"

"내일 아침에 다시 봐야지!"

전쟁 넷째 날, 잔뜩 기대하고 화분에 가까이 갔다. 겉으로는 기어다니는 개미가 보이지 않았다.

"혹시 내가 이 전쟁에서 승리한 것일까?"

다시 수도꼭지를 틀었다.

"우왕!"

튀어나오는 개미의 숫자는 조금 줄어들기는 했지만, 여전히 아주 많은 개미가 튀어나왔다. 비로소 나는 이 전쟁에 대한 회의가 조금씩 몰려오기 시작했다.

그래도 기왕 전쟁을 시작했으니, 끝장을 보고 싶었다. 화분을 뒤집어엎어서 속을 보고 싶은 충동이 일어났지만 참았다.

오늘도 한 시간 이상 수도꼭지를 틀어 놓고 수공을 퍼부었다. 내일은 개미가 더 이상 나오지 않을 거라는 아주 희미한 기대를 하고.

전쟁 다섯째 날, 기대하는 것이 거의 없이 수도꼭지를 틀었다. 개미의 개체 수가 어제보다 더 줄어든 것 같지만 여전히 개미는 많았다. 닷새 동안의 전쟁은 약간의 전과는 있었지만, 나의 공격 방법은 실패한 것으로 결론을 내리고 일단 패배한 장수의 마음으로 철수하기로 했다.

선각자들의 도움을 받기로 했다.
유튜브 선생님의 도움을 받으려고 "개미퇴치"라고 쳐보니 "붕산퇴치법"이 나왔고, 성공 사례도 많았다. 끝까지 몇 개를 주의 깊게 보았다.
"그래, 이제 붕산퇴치법이다!"

붕산을 주문했다.
붕산이 도착하기까지 이틀간은 나의 일방적인 휴전협정으로 개미와의 전쟁을 잠시 휴전하고, 다시 붕산퇴치법을 통한 전의를 불태웠다.
그나마 잠시 개체 수가 줄어든 것 같아서 수도꼭지 밑에 화분을 놓고 물을 채우는 공격을 안 했더니 "도로 개미집"이 된 것 같았다.
이틀을 기다렸다가 드디어 붕산을 받았다.
"내일 새벽기도 끝난 후에 너희들 완전 소탕 작전에 돌입하리라!"

유선생님들이 가쳐주는 대로 붕산 : 설탕의 비율을 1:1로 잘 섞은 후, 거기에 약간의 물을 넣고 잘 저어서 되직한 붕산과 설탕을 녹여 만든 반죽에 카스테라 한 조각을 으깨어 넣고 다시 잘 섞었다.

이렇게 정성껏 만든 붕산설탕빵 먹이를 화분의 흙 위, 개미가 잘 다닐만한 곳에 몇 무더기로 나누어 놓았다.

불과 10분 정도 지났는데 개미 녀석들이 겁도 없이 죽음의 먹이에 환장을 하고 달라붙었다. 수백, 아니 수천 마리도 넘는 것 같았다.
화분 속에 이렇게 많은 개미가 있었다니 놀라웠다.
정말 많은 개미가 정신없이 달라붙었다.
기념으로 사진도 찍어 남겼다.

유선생님들이 주시는 정보에 의하면 "개미가 죽어도 개미의 시체는 거의 볼 수 없다"고 했다.
아마도 개미들끼리 개미만한 소리로 탄성을 질렀을지도 모르겠다.
"웬 당거(danger)!"
그들의 입맛에는 죽음의 먹이를 "웬 당거!"라고 외치며 물고 가서 사이좋게 나눠 먹고, 여왕개미에게까지 진상해서 올리고, 함께 '개미의 소굴'에서 죽을 것으로 생각하니 이미 전쟁은 승리로 끝난 것 같았다.

유선생님들의 가르침에 의하면 보통 2~3일이 지나면 다 사라지는데, 혹시 한두 마리라도 보이면 한 번 더 하면 완승으로 끝난다니, "그날이 오면,

나는 싸웠노라, 이겼노라고 외치며, 승리의 개가를 부르리라!"

3일이 지났다.

개미가 보이지 않았다.

다시 물을 부어 보았다.

개미가 보이지 않았다.

정말 물을 한참 동안 부은 후에야 한두 마리가 나타났다.

다시 맛있는 '붕산설탕빵' 먹이를 만들었다.

최후의 한 마리까지 퇴치하기 위하여, 개미의 길목에 먹기 좋게 진설하였다.

또다시 3일을 기다렸다.

드디어 수돗물을 부어도 개미는 더 이상 단 한 마리도 나타나지 않았다.

"나는 싸웠노라, 이겼노라!

25.
나의 고향 친구 G

    나의 고향 친구인 G는 5일마다 전통시장이 서는 곳을 찾아다니며 노점상을 하고 있다. 거의 20년 넘게 아주 가끔 통화나 하면서 지내다가 정말 오랜만에 얼굴을 보게 된 날, G는 나에게 노점상 일정을 말해주었다. 그가 열심히 말해주어서 나도 진지하게 들으면서 핸드폰 메모지에 기록했다.

    1일과 6일은 무주, 2일과 7일은 대평리, 3일과 8일은 유구, 4일과 9일은 마전, 5일과 10일은 부강에서 노점을 한다고 알려 주었다.

    기억해 두었다가 오라는 말은 안 했지만, 나는 속으로 그가 모든 일정을 세세하게 알려 준 것을 그가 겸연쩍게 내민 초청장으로 받아들였다. 또 우리가 만날 수 있는 길은 내가 장날 그곳으로 찾아가는 것밖에 다른 길이 없다고 생각했다.

    G의 일정 중에서 그래도 내가 찾아가기에 가장 가까운 곳이 대평리 시장이어서 그날 이후로 나는 대평리 장날에 맞춰 계절에 한 번 정도는 찾아가 그를 만나서 골목 백반집에서 점심도 같이 먹곤 했다. 이번에도 3개월여 만에 만났는데 같이 일하던 아내는 없고 혼자 장사를 하고 있었다.

나의 고향은 겨우 스물세 가구가 살던 작은 산골 마을이어서 또래 아이들이 손에 꼽을 정도여서 어릴 적 우리는 마치 모두 한 세트처럼 함께 골목을 뛰어다니면서 놀았다. 정말 하루가 멀다고 매일 만나서 뛰놀았다. 그러다가 내가 초등학교 5학년 때 전학하는 바람에 고향은 그대로 있었지만, 그후로는 거의 얼굴을 볼 수 없었고, 드문드문 누군가가 전해주는 고향 사람들의 소식으로만 듣곤 했다. 아주 오랫동안 서로의 삶을 가까이서 지켜보지는 못했다.

그렇게 다시 만난 친구가 나이 60이 되어 혼자 일하는 것을 보고는 그의 부인에 관해 묻지 않을 수 없었다.

시장 국밥집에 같이 앉았다.

같이 국밥을 먹다가 조용히 물었다.

"왜 부인은 같이 나오지 않았어?"

그는 나의 질문에 대답 대신 소주 한 병을 시켰다.

소주가 나왔다.

그의 대답을 기다리면서 나는 얼른 낚아채듯이 소주병을 들어 병뚜껑을 비틀어 땄다.

그리고 그가 들어 올리는 작은 소주잔에 소주를 따라주었다.

그는 홀짝 마시고, 다시 소주잔을 들이대고, 홀짝 마시고 다시 소주잔을 들이대고를 반복했다.

왜 대답을 안 하느냐고 재촉할 수도 없는 노릇이었다.

소주 한 병을 거의 다 마신 후에야 말을 꺼냈다.

"우리 집사람이 뇌종양이라고 하네."

"이제 다시 조금 살만하니까 또 이렇네."

그의 삶을 조금은 아는 나로서는 "이제 다시"라는 말에 담긴 함축적인 의미가 예사말로 들리지 않았다.

G는 나하고 나이가 같은데 국민(초등)학교를 10살에 입학해서 학교로는 나의 2년 후배였다. 그리고 그가 4학년까지 다니다가 학교를 그만두었다는 것을 어느 해 방학에 내가 고향집에 가서 들을 수 있었다.

G의 아버지는 지독하게 술을 많이 드셨고, 술을 드시면 고래고래 소리를 지르시며 온 동네를 시끌벅적하게 만드는 분이셨다. 그의 어머니는 우리가 중학교에 들어갈 즈음에 돌아가셨는데 여섯이나 되는 아이들 먹이려고, 집에서는 식사를 거의 안 하시고, 남의 집 일을 하러 가시면 밥을 많이 드시고, 그렇게 위에 부담을 주는 식생활을 반복하시다가 위에 천공이 생겨서 돌아가셨다고 어른들이 얘기하는 것을 들었었다.

그는 국민학교를 갓 졸업할 나이에 어른들의 손에 이끌려 집을 떠나 대전의 제빵점에 취업했다는 소식을 들었다. 그의 취업 소식을 듣고도 그때 나는 그에게 어떤 말도 해줄 수 없었다.

스무 살이 되었을 즈음 명절에 만났을 때 그는 아주 당당하게 팔씨름을 하자고 했다. 그는 우리 또래 중에서 가장 팔심이 센 사람이 되어 있었다. 제빵 반죽을 많이 해서 그렇다고 했다.

그때, 옷소매를 걷어붙인 그의 팔에는 "노력"이라는 문신이 새겨져 있었다. 그 문신을 보면서 친구들은 "노력! 노력!"하고 약간은 비아냥거림이 들어간 말을 하면서 철없이 웃곤 했다.

문신을 새긴 그의 팔이 몹시 아팠을 것은 전혀 생각하지 못했었다.

그렇게 청년기를 지낸 그는 내가 대학을 졸업할 무렵에 벌써 제과점 사장이 되었다고 했다. 열심히 일해서 누구의 도움도 받지 않고 자기 능력으로 가게를 열었다고 굉장히 뿌듯해하던 모습이 지금도 생생하게 기억난다.

그 후 그는 결혼도 하고, 아이들도 낳고, 행복하게 사는가 싶었다.

그런데 어느 날 그가 가게를 접었다는 소식을 듣게 되었다.

그 후 G를 만났을 때 나는 안타까운 마음에 그렇게 오래 천직처럼 하던 가게를 왜 접었느냐고 물었다.

"제빵은 내가 하고 싶은 일이 아니었어. 너무너무 힘들고, 지겨웠다"고 했다.

너무 일찍 시작한 제빵 일이 그를 많이 지치게 했었던 것 같았다.

가게를 접고 얼마 후에 그는 이혼하고, 아이들마저도 아빠를 많이 원망하며, 만나주지 않는다고 한탄하곤 했다.

그러다가 지금의 아내를 만나 노점상을 하면서 다시 일어서고 있었다.

그런데 지금의 아내가 뇌종양 판정을 받고 치료 중인데 수술을 할 수 없는 위치라서 항암치료만 하고 있다고 했다. 그리고 뇌종양의 영향인지 아내의 성격이 많이 변해서 같이 있기가 힘들다고 했다.

"그래도 내가 어떡하냐? 열심히 일해서 우리 집사람 서울에 있는 병원에 오가는 교통비며, 치료비며 그리고 암을 이기려면 종종 고기도 먹여야 하잖아?"

나는 G의 말을 들으면서 속이 깊은 친구라고 생각했다.

내가 목사라는 것을 아는 그가 이렇게 말했다.

"우리 집사람이 교회라도 나갔으면 좋겠다. 그런데 몇 번 가보더니 안 나가네. 나는 무신론자지만 우리 집사람이 같이 가자고 하면 같이 나가줄 용의도 있는데 말이야."

그는 지푸라기라도 잡는 심정으로 말하는 것 같았다.

나는 그가 그렇게 말하는 것이 고맙기도 하고, 그와 그 아내의 치료와 구원을 위해 기도해야겠다는 막중한 책임감으로 다가왔다.

그의 얘기를 들으면서 그와 그 아내의 인생에 하나님의 은혜의 빛이 스며들길 기도했다.

26.
간절곶의 추억, 진영

진영이는 이제 중학교 3학년, 울산에 사는 아이다. 오늘이 진영이 생일이어서 조그마한 선물을 보냈더니 녀석이 감사하다며 카톡 문자를 여러 개 보내왔다. 문자를 읽으면서 되로 주고 말로 받은 느낌이 들었다.

진영이는 초등학교 4학년 때 아빠의 직장을 따라 울산으로 이사 갔다. 진영이와 또래의 꼬맹이들을 만난 것은 또래의 아이들이 초등학교 2학년 때 교회 근처에 있는 초등학교 아이들을 교회로 초청해서 아이들에게 팝콘과 빙수 등을 만들어주는 행사를 통해서 알게 되었다. 초등학교 2학년 아이들은 작고, 귀엽고, 말썽꾸러기들이었다. 이 아이들과 매주 만나면서 친구처럼 지냈다. 라면도 끓여주고, 축구도 함께 했다.
나는 이 아이들을 "잔챙이 친구들"이라고 불렀다.
"잔챙이 친구들 왔니"라고 하면 깔깔 대면서 "이제 우리도 클 거예요"라고 말대꾸하던 아이들이다.

이 아이들 가운데 진영이는 리더였다. 누가 세운 것은 아니지만 의젓하고, 마음 씀씀이가 그렇고, 아이들을 잘 이끌고, 아이들의 마음을 움직이는 아이였다.

그러던 진영이가 울산으로 이사 갔다.

이사 가던 날 진영이네 집을 찾아가서 "내년쯤에 네 친구 아이들 데리고 울산에 놀러 갈게"라고 약속했었다. 어느덧 1년이 지나고 아이들이 5학년이 되던 해, 봄에 아이들과 함께 울산엘 갔다.

출발하기 며칠 전까지 울산에 간다니까 좋아하고, 부모님들도 허락했었는데, 막상 출발하는 날이 되니까 대전에서 울산까지 가는 것이 부담되었는지, 부모가 막았는지 몇 명은 포기하고, 네 명의 친구들과 함께 울산으로 향했다.

진영이가 가르쳐 준 주소를 따라서 설레는 마음을 가득 안고 갔다. 진영이도 반가워하고, 아이들도 반가워하고, 나도 반가워서 끌어안고 기뻐했다.

진영이 엄마는 진영이가 교회에 나가는 것을 별로 좋아하지 않으셨던 분이었고, 그로 인해 제약도 있었을 테지만, 진영이는 빠지지 않고, 교회에 나왔다. 그렇게 달가워하지 않으셨던 진영이 엄마도 우리가 울산까지 가니까 반갑게 맞아 주셨다. 그리고 우리의 숫자에 맞추어 맛있는 김밥을 싸서 진영이 손에 들려서 함께 나와주셨다. 진영이 엄마는 겸연쩍게 "우리 진영이를 위해서 멀리까지 와주셔서 감사합니다"라고 인사하면서 감사하다는 말을 연이어서 하셨다. 늦둥이 진영이를 향한 절절한 사랑의 눈빛에서 엄마의 마음이 느껴졌다.

우리는 진영이가 안내하는 대로 간절곶을 향했다. 아직 봄이라서 해수욕장이 개장이 안 되어 바닷가는 아주 한적했다. 아이들은 햇살 좋은 바닷가에서 넘실대는 파도에 발이 잠길랑 말랑 뛰어다니면서 일 년간 헤어졌던 거리를 다시 좁혀 가기 시작했다. 그리고 일 년 동안 자란 서로를 확인시켜주며 즐거워했다.

아이들과 함께 진영이를 다시 만나는 시간을 통해 진영이와의 약속도 지키고, 아이들 모두에게 추억도 만들어주고 싶었다. 아이들과 함께 지내다 보면 아이들의 깔깔거리는 웃음소리가 들렸다. 아이들과 함께하다 보면 아이들의 웃음소리 속에는 항상 아이들의 기쁨의 크기, 즐거움의 크기가 배어있다는 것을 안다.

바닷가를 뛰어다니고, 웃다 보니 배가 고팠는지 진영이 엄마가 정성껏, 아주 예쁘게 싸준 김밥을 허겁지겁 먹어 치웠다.

"진영아, 가능하면 대학은 꼭 대전으로 오렴."
"네, 저도 그러고 싶어요."
진영이는 친구가 있긴 있지만 아직 울산에서는 아직 대전에서 지냈던 친구들만큼 친한 친구는 없다고 했다. 그래서 대전으로 대학을 오고 싶다고 했다.

"대전으로 대학을 가면 꼭 교회에 다시 갈께요."

초등학교 5학년에게 대학은 멀고 먼 훗날의 일이지만 우리는 그렇게 약속하고 헤어졌다.

우리가 대전에 도착할 즈음 진영이는 카톡 문자로 누나가 대전에서 대학교를 다니기 때문에 여름방학에 교회로 놀러오겠다고 했다.

"대전 갈 생각에 붕떴죠 뭐 ㅋㅋ"

그리고 마지막에 어른 같은 인사를 남겼다.

"목사님, 아프지 마시고 건강하셔요!!!"

진영이의 문자가 참 고맙기도 하고, 참 대견하다는 생각이 들었다.

나의 작은 선물에 진영이가 준 감동과 기쁨은 몇 배로 더 크게 다가왔다.

27.
친구를 만난 날

모처럼 외출했다.

충남 금산군 부리면 00 초등학교에 다녀왔다.

친구가 작년 9월 교장으로 발령을 받고는 한번 오라고 했는데 오늘에야 다녀오게 됐다.

약속 시간보다 조금 일찍 도착했더니 외출 중이라고 했다.

교장선생님의 친구라고 하니까 행정실 직원이 조금만 기다리라고 하면서 의자를 내주었다.

오늘, 이곳을 향하면서 친구와 나눌 얘기를 굳이 생각하지 않아도 되는 친구라서 그냥 만나는 것이 좋고, 마음도 가볍고, 교장선생님이 되었다는 것이 그냥 자랑스러웠다. 중학교 동창인 이 친구와는 생각이 가는 대로, 얘기가 가는 대로 얘기해도 서로를 공감할 수 있는 친구로 나의 마음에 자리를 잡고 있다.

그래도 혼자 의자에 앉아 기다리려니 이런저런 생각이 오갔다.

이 친구의 이름은 정O정, 앞으로 해도 정O정, 거꾸로 해도 정O정이다.

이름만 보면 여자 이름 같은데 소위 상남자 형이다. 검은 피부에 운동 좋아하고, 꽤 터프한 언어를 구사하는 친구이다. 물론 성품은 부드럽고, 따뜻하고, 정감있고, 인심이 후하고, 솔선하고, 겸손하고…….

이 친구와 나는 중학교 3학년 때 짝꿍이었다. 그때는 키순으로 번호를 정해주었다. 지금 생각해 보면 꽤 합리적으로 번호를 정해주었다는 생각이 들지만, 그땐 그런 짝꿍과 트러블이 생긴다면 1년 내내 피곤하기도 했던 때였다. 그런데 이 친구는 나보다 나이가 두 살이나 많지만 형 노릇을 하려고 들지도 않았고, 그냥 구수함이 있는 수더분하고 부드러운 남자였다.

둘이, 또 다른 친구들과 함께 몰려다니지는 않았지만, 그날 이후로 우리는 거의 50년 지기가 되었다.

그때는 고교 평준화가 이루어지기 전이라 우리는 굉장히 치열한 중3을 보냈다. 학교에서 특수반을 만들어 과학실험실 비슷한 곳에 우리 특수반을 몰아넣고, 집중관리를 했다. 지금 생각해 보면 집중관리를 받지 못한 친구들에게는 미안한 시간이기도 하다.

그때 같은 반이었던 아이들 모두가 친한 친구로 지내는 것은 아니지만 그 반에 있었다는 자부심도 있었고, 또 선생님들께서도 선민의식 내지는 동지의식 같은 것을 불어넣어 주려고 꽤 노력을 쏟아주셨다. 우리는 그 사춘기를 선생님들께서 배려(?)라는 이름으로 베풀어주신 강한 이끎에 대하여 그렇다 할 만한 반항 한번 제대로 못 하고, 모두 속으로 삭히며 잘 따랐었다.

그 뒤로 정 선생은 고등학교, 대학교 모두 나와는 다른 학교에 다녔기 때문에 서로 많이 붙어있지는 못했지만, 그때로부터 늘 친구라는 마음을 유지해 오고 있다. 우리는 드문드문 만나다 보니 서로의 삶을 속속들이 알지는 못해도, 서로 어떻게 살아가고 있는지 늘 궁금해하다가 만나곤 하면서 살아왔다.

지금 내가 방문한 초등학교는 과거에 그가 젊을 때 근무했던 학교이다. 그때도 친구를 만나러 왔었는데, 그가 이런 말을 했었다. 나의 이름을 부르면서 "나는 장학사가 와도 슬리퍼 꺼내주는 것을 잘 못해서 교감, 교장은 못 할 것 같다 야."라는 말을 했었다. 그 말을 할 당시에는 장학사가 학교를 방문하면 얼른 슬리퍼를 장학사님 발 앞에 놓아드려야 했었던 것 같았다.

그는 정도 많고, 잘 어울리고, 게다가 사람의 마음을 긁거나, 어깃장을 놓거나, 일탈하거나, 그런 친구도 아닌데, 그때 나는 그에게 "사람의 비위를 잘 못 맞춘다고 교감, 교장이 안 된다면 너무 부당한 것 아냐?"라고 말했었다.

그런데 그는 당당히 교감 선생님을 하고, 지금은 교장선생님이 되어, 그 말을 했던 그 학교에 근무하고 있다.

학교에 들어서는 순간부터 느낀 것은 시골 초등학교의 시설은 작고, 많이 낡았다는 것이었다. 우리가 어릴 때 우리의 눈에는 초등학교는 우리가 알고 있는 가장 큰 운동장과 가장 큰 건물이었는데, 어른이 되어서 보니 초등학교는 초등학교 아이들만큼이나 작다는 것을 느낀다. 더욱이 큰 도시의 번듯한 건물들과 큰 학교들하고는 조금 다르다는 것을 느꼈다.

"도시의 시설들에 비하여 참 많은 차이가 있구나"라는 생각을 하고 있는데, 친구가 들어오는 것이 보였다.

한때 1,400명이 넘는 아이들이 다니고 있었던 초등학교였는데, 지금은 전교생이 19명이라고 했다. 교장선생님을 포함하여 선생님들과 행정실 직원, 방과후 교사, 급식실 종사원, 노인 일자리 근무자 등등을 포함하면 학생의 두 배가 넘는 분들이 직원으로 있다고 했다.

나는 속으로 이런 생각을 잠시 했다.
"시골에 사람이 없다는 말이 이런 것이구나!"
"아이들을 낳지 않는다는 것이 이런 것이구나!"

친구와 점심을 먹으면서 또 우리가 중학교 3학년이던 그때 그 시절의 얘기들을 다시 잘근잘근 씹다 보니 그때 그 맛 그대로였다.

28.
갑자기 들을 수 없게 되었을 때

어느 수요일 예배 시간에 처음 보는 분이 왔다. 그분이 H 집사님이다.

이제 H 집사님이 수요예배에 나오기 시작한 지 6개월쯤 되었다. 그리고 그와 성경을 같이 공부하기 시작한 지 이제 7주가 되었다. H 집사님은 유전적인 요인으로 후천적인 청각장애인이 되었다고 했다. 마주 보고 얘기하면 입 모양을 보고 80% 정도 알아듣지만, 입을 보지 않으면 전혀 알아듣지 못한다고 했다. 그러니 전화 통화는 전혀 불가능하고, 마주 보고 대화를 하더라도 입 모양을 보지 않으면 거의 알아듣지 못하는 분이다. 분당에서 살다가 대전으로 이사 와서 수요예배에 나오시다가 같이 성경공부를 하게 되었다. 아직 우리 교회에 등록한 교인이 아니었지만, 성경공부에 대한 열망이 큰 분이었다.

대화하다 보면 그 동안 교회생활을 열심히 해오신 분이라는 것을 금방 알수 있었다. 성경공부 시간마다 배우는 것들을 마치 스펀지처럼 받아들여주어서 가르치는 보람을 느끼게 해주었다.

어떤 날은 교재를 같이 공부 하다가 눈물을 흘리고, 기도하다가 눈물을 쏟

기도 했다. H 집사님은 예의 바르고, 신중하고, 배우려는 열망이 강하고, 하나님을 의지하는 분이었다. 청각장애인이라는 이유로 사람들로부터 배척당하고 있다고 느끼고 있으며, 그로 인해 자신감을 잃고, 아무것도 할 수 없다는 생각으로 아파하고 있다고도 했다. 그런 것에서 벗어나는 것이 그가 넘어야 할 장벽이고, 그가 그 장벽을 잘 넘어설 수 있도록 돕고 싶었다.

함께 대화하면서 알게 된 것은 그에게 청각장애가 와서 남편과 두 자녀와도 헤어져야 하는 아픔을 겪었다는 것이었다. 그럴 뿐만 아니라 그에게는 잘 듣지 못하는 것 때문에 사람들로부터 받은 숨겨진 상처들이 많다는 것을 조금씩 나눌 수 있게 되었다. 그의 소박한 꿈은 남매인 자녀들과 언젠가는 함께 소통할 수 있고, 만날 수 있는 시간이 오기를 바라고 있었다.

그는 자녀들이 "엄마가 우리를 버리고 떠났다"고 생각할 것 같아서 가장 마음이 아프다고 했다. 사실은 그것이 아니고, 오히려 자신이 버림받은 것인데.

함께 공부하면서 그는 숙제로 내준 첫 번째 미션을 실천하고 와서 몹시 가슴 벅차 했다. 노모와 함께 살면서 자신의 역할을 다하지 못하고 술로 사는 오빠가 도저히 용납이 안 되는데, 그 오빠를 방문하고 친절하게 인사하고, 커피 한 잔 타서 드리는 것이 미션이었다. 이 미션을 실천하고 와서 그는 이렇게 말했다.
"제 마음이 너무 기뻤어요. 진작 왜 그렇게 못했을까요?"

그렇게 말하면서 눈물 글썽이는 눈으로 간증을 나누어 주었다.

그에게 두 번째 미션을 주었다. 그것은 한 달에 두 권의 책을 사서 읽는 것이었다. 그는 성인이 되어서는 책을 사서 읽은 적이 없다고 했다. 뭔가 읽어야 한다면 빌려서 읽으면 되지 않느냐고 반문하는 사람이었다. 이제 책을 사기 위해 서점에 들러, 매달 책을 두 권 이상 구입해서 읽는 미션도 잘 실천할 수 있을 것 같다.

그는 국가에서 주는 장애인 수당과 가가호호를 방문하면서 대문에 광고지를 붙이는 일로 버는 얼마의 수입으로 살고 있다. 그런데 그가 광고지를 붙일 때 욕을 하며 제지하는 사람들을 만나는 것이 제일 싫다고 했다. 그때 H 집사님도 속으로 욕을 한다고 했다. 그의 마음이 이해되었다. 얼마나 서럽겠는가?

그에게 세 번째 미션은 그렇게 욕을 하며 제지하는 분들에게 "불편하게 해드려서 죄송합니다. 살아가시는데 필요한 정보가 있어서 붙여드립니다. 원하시지 않으시면 다시 떼어가겠습니다."라고 웃으면서 말하는 것이었다. 이것은 지금 당장은 안 될 것 같다고 했다. 그러나 그것도 곧 가능하게 될 날이 오기를 함께 기도했다.

그는 지금 머리에 작은 전자기기를 머리에 꽂아서 그 기계적 기능을 통해서 입 모양을 보고 듣는다고 한다. 그 전자기기를 떼면 전혀 들을 수 없다고 한다.

그럼에도 목사로서 그가 더 잘 들을 수 있도록 하나님의 은혜를 기도하고 있다. 하나님께서 의술을 통해서라도 듣게 되기를 기도하고 있었는데, 그가 청각이 회복되면 장애인 수당이 끊길까 봐 걱정하고 있다는 것을 알게 되었다.

H 집사님은 끊임없이 새로운 것을 배우고, 끊임없이 도전하는 진취성을 가지고 있는 분이다. 그런데도 장애인으로 살아가는 것이 절대 녹록지 않다는 것을 그는 너무 뼈저리게 느끼고, 알고 있기 때문이라고 생각한다.

그는 충분히 사람들로부터 인정받고, 존중받을 수 있는 사람임에도 지난 시간 당한 편견과 부당한 대우로 인한 트라우마가 그에게 희망까지도 빼앗은 것 같아서 몹시 마음이 아프다.

29.
말기암과 싸우던 M 그리고 그의 가족들

목회하다 보면 임종하는 그 순간이 아니더라도, 임종에 가깝거나 임종 직전에 있는 분들을 꽤 많이 만나게 된다.

그날도 문자가 와있었는데 문자가 온 줄도 모르고 있다가 전화벨이 울려서 전화를 받았다.

"목사님 문자 봤지요?"

"아니요, 확인 못 했는데 어떤 문자요?"

내 아내의 친구이자, OOO선교회에서 같이 활동했던 L이었다.

"M이 소천했어요."

"네에?!"

작년 12월 말부터 L 부부와 우리 부부가 때로는 같이, 때로는 번갈아 가면서 주일 오후에 충북대병원 입원실을 방문해서 함께 예배를 드렸다.

주일 오후에는 열 일 제쳐 두고, 최대한 시간을 내어 함께 하려고 했다. 그러다가 3월 들어 연속 2주간이나 방문하지 못했었다. 그리고 오늘 소천 소식을 들었다. 저녁까지 아내의 퇴근을 기다렸다가 8시에 함께 빈소를 찾아 예배를 인도했다.

소천한 M은 아내의 대학 동창이자, ㅇㅇㅇ선교회에서 함께 활동했던 신앙의 동역자였다. 나와 M의 남편 K씨와는 M의 입원실을 방문하면서 처음으로 인사를 나누게 되었었다.

M은 남편을 소개했다. 열심히, 성실하게 사회생활을 하는 자칭타칭 "좋은 사람"이라고 했다. 아내가 이렇게 소개하자 K씨는 우리가 모두 신앙 안에서 만난 사람들이라는 것을 잘 알고 있다는 듯이 겸연쩍게 웃으면서 자신을 무신론자라고만 짧게 소개했다.

그 후로 병실을 찾아 예배할 때마다 우리는 함께 기도했다.
"K 형제가 복음을 듣고, 예수님을 믿고 구원 얻게 하옵소서"
하지만 우리가 병실을 방문했을 때 그는 자주 자리를 비우곤 했다. 생과 사의 갈림길에 있는 아내를 위해서 위로의 말을 해주고, 함께 기도하며 예배하는 것은 고맙게 생각하지만, 함께 하는 것은 불편했던 것 같다. 우리는 그가 병실로 돌아올 때까지 기다렸다가 만나서 함께 대화를 나누다가 돌아오곤 했다.

그는 임종 직전의 아내가 남편인 자신이 예수님을 믿기를 간절히 원하고 있다는 것을 알고 있었고, 또 아내의 병실을 방문하여 함께 시간을 보내 주면서 같이 예배도 하는 아내의 친구와 지인들 앞에서 기독교에 대해 강하게 부정하는 것은 최대한 자제하고 있다는 것을 보여주는 것만 같았다. 그렇지만 그의 내면세계에는 그리스도인들에 대한 불편한 마음이 있음을 내비치곤 했다.

그가 직장에서 경험한 그리스도인 상사들은 "기회주의적이고, 부정직하게 업무처리를 하고, 상사답지 못한 모습이 많았습니다"라고 그 나름의 생각을 말하곤 했다. 그의 내면에는 그리스도인들에 대한 맺힌 감정이 많다는 것을 알았다.

그렇지만 긴 암 투병으로 생명이 소진되어 가는 아내를 찾아와 주는 친구들과 그 남편들을 보면서 마음이 조금씩 풀어지는 것을 그의 표정에서 읽을 수 있었다.

그렇게 3개월을 두 부부가 방문해서 함께 예배드리고 기도하고, 신앙으로 다독이며 함께 하는 시간을 가졌다. M도 심한 통증을 겪으면서도 끝까지 남편 앞에서 의연하게 그리스도인의 모습을 보여주며, 하나님께 기도하며, 잘 이겨 왔었다.

M의 장례식장을 찾았을 때 그의 남편 K를 보면서 성경 구절이 떠올랐다. "내가 진실로 진실로 너희에게 이르노니 한 알의 밀이 땅에 떨어져 죽지 아니하면 한 알 그대로 있고 죽으면 많은 열매를 맺느니라"(요12:24).

그리고 나는 속으로 이 말씀을 이렇게 해석해 봤다.

"M이 육신의 생명을 잃어가는 그 극한의 고통을 지나는 동안 하나님께서 그 남편의 마음을 이렇게 조금씩 조금씩 열어놓으셨구나!"

우리는 그동안 함께 예배하고, 함께 기도하면서 M을 다시 일으켜달라고 기도했었는데, 혹시나 그 남편이 하나님을 원망하면서 "하나님이 살아있기는 뭐가 살아있어요?"라고 하면 어쩌나 하는 걱정스러운 생각도 잠시 스쳐 지나갔다.

그런데 그가 나에게 다가와 말했다.

"목사님 정말 감사합니다. 가족도 그렇게 방문하기 힘든데 대전에서 청주까지 그렇게 거의 매주 오셔서 함께 예배도 드리시고, 위로해 주셔서 정말 감사합니다. 그렇게 많이 오셨어도 제가 식사 한번 같이 하자는 말도 못 했었는데, 제가 마음이 조금 안정되면 목사님께 식사 한번 사겠습니다."

나는 속으로 이렇게 생각했다.

"식사는 제가 사야겠네요. 그런 마음을 가져주신 것만으로도 충분히 감사합니다."

장례식장에서 만난 M의 시누이는 이런 말을 건넸다.

"언니가 임종할 때까지 목사님이 써주신 기도문을 제가 계속 읽어 주었는데, 언니가 너무 좋아했어요. 모두 나의 마음, 나의 기도라고 하면서 좋아했어요."

누구라도 극도의 아픔과 고통에 놓여 있을 때는 오히려 기도하는 것이 정말 어렵다는 것은 나의 경험이기도 하고, 그런 과정을 통과하고 있는 분들로부터 자주 들어왔기 때문에 그런 상황에 놓인 분들에게는 기도문을 써서 줄 때가 더러 있었다. M도 통증이 심할 때는 기도도 안 나오고, 신음 밖에 나오지 않는다고 해서 기도문을 써 주고 그럴 때 읽으라고 했었다.

그러면서 그 와중에 그 시누이는 이런 말을 덧붙였다.
"언니 가면 석경이를(M의 초등학교 5학년 아들) 내가 믿는 불교로 개종시킬 거야라고 농담했더니 언니가 많이 걱정했었는데 내가 괜한 농담을 했었나 봐요."

그날 밤에 청주에서 집으로 돌아오면서 나의 아내가 이렇게 말했다.
"진심은 굳이 진심이라고 말하지 않아도 통하나 봐요? 하나님은 언제나 우리보다 앞에 가시며 행하시나 봐요."

어제 부활절 아침 M의 남편 K씨는 문자로 나에게 큰 선물을 주었다.
"목사님 감사합니다. 문병과 기도로 용기와 희망을 주셔서 감사드립니다. 석경이 훌륭하게 잘 키우고 신앙생활 열심히 할 수 있게 하겠습니다. 다시 한번 감사드리고 마음이 안정되는 대로 한번 찾아뵙겠습니다."

할렐루야!

30.
암 앞에서 믿음을 보여준 분

모처럼 서울엘 다녀왔다.

서울에 다녀오게 된 것은 지난겨울 내가 청소년기부터 다녔던 교회에서 당시 반주자였던 '교회누나'로부터 전화가 왔다.

"아는 권사님이 계신 데 현재의 의학으로는 고칠 수 없는 희귀암으로 투병하고 있는데, 목사님이 매일 아침 보내는 문자를 그 분에게도 보내줬으면 좋겠어요."

이 전화를 받고, 전화번호를 받아서 매일 아침 문자 메시지를 보내기 시작한 분이 C 권사님이었다.

한 번도 본 적도 없고, 통화를 해본 적도 없고 다만 매일 매일 아침 문자를 보내면 종종 답장을 보내 주셨고, 답장은 짧게 "큰 힘이 됩니다"라고 했다. 그리고 얼마 지나지 않아 "우리 가족 모두에게도 보내 주셨으면 좋겠습니다."라는 문자와 함께 가족 모두의 전화번호를 보내주었다.

그러다가 해가 바뀌고 봄이 되었는데, 어느날 문득 이런 생각이 들었다.

"내가 매일 아침 성경 구절을 문자로 보내고, 글을 쓰고, 설교하면서 그 안에 사랑, 위로, 나눔…… 이런 단어들을 많이 사용하는데, 나는 내가 말하는 대로 잘 실천하고 있는 것일까?"

이런 생각을 이어가다가 오늘 내가 사랑을 표현해야 하고, 나의 위로가 필요한 사람이 누구일까를 생각해 봤다. 그러다가 생각난 분이 희귀암으로 투병 중이라는 분이었고, 한번 찾아가서 같이 대화도 하고, 함께 기도하고 싶다는 생각이 들었다.

그래서 문자를 드렸다.

"안녕하세요? 제가 매일 아침 문자를 보내드리는 목사입니다. 지금 투병 중이시라고 들었는데, 어느 병원에 계시는지 한번 병실로 찾아뵙고 싶습니다."

문자를 보내고 일주일 만에 답장이 왔다.

"서울인데, 안 오셔도 괜찮은데, 시간 내실 수 있으면 한 번 와주세요."

"제가 월요일이 시간 내기가 편하니까 제가 방문해도 되는 월요일 말씀해 주시면 그날 찾아뵙겠습니다."

다시 한 주일이 지난 월요일 아침에 문자가 왔다.

"오늘 오실 수 있으면 와주세요."

고속버스를 타고 문자로 가르쳐준 대로 강남성모병원 입원실로 찾아갔다.

얼굴 한번 본 적이 없는 분이지만 기쁜 마음으로 찾아갔다.

암이라고 판정받은 지 6개월이 되었다고 했다.

C 권사님의 옆에서 엄마의 치료를 돕는 딸이 있었고, 둘 다 마스크를 쓰고 있었지만, 평안한 얼굴로 보였고, 목소리에는 힘이 있었다.

"아주 평안해 보이시고, 목소리도 아주 힘이 있습니다."라고 했더니 C 권사님이 말문을 열었다.

"처음에는 더 잘 이기고 있었는데, 꽤 많은 시간이 지나면서 많이 지친 것 같아요. 다시 힘을 내야지요."

"제가 섬기는 교회의 분위기가 금식과는 거리가 먼 교회(?)인데(여기서 같이 웃었다.), 암을 이기기 위해서 2주간 금식하며 기도했습니다"

지금은 암이 폐와 허리에 전이가 되었고, 머리에도 이상 징후가 있다고 했다. 그럼에도 그의 얼굴에서나 말에서나 거의 두려움을 찾을 수 없었다. 참 평안해 보였다.

그동안 접촉점이라고는 전혀 없었던 분이지만, 그리스도인이기 때문에 병실에서 처음 만났음에도 같이 손을 모으고, 간절히 기도했다.

나는 믿음으로 두려움 없이 암과 잘 싸우도록 힘주시는 하나님의 은혜에 의지해서 눈물로 기도했다.

기도가 끝나자, 그는 "주님의 위로하심이 너무 크고, 지금까지 이끌어 주신 은혜들이 기억나서 창피한 줄도 모르고 눈물이 나는데 어쩔 수 없었어요."라고 했다.

그날로부터 나는 그가 퇴원과 입원을 반복하면서 암과 치열하게 싸우는 과정을 보아왔다.

어떤 날은 전화로 기도했고, 어떤 날은 집으로 방문해서 함께 기도했다.

어느 날은 아주 친한 친구가 방문해서 반가워서 허그를 했는데, 갈비뼈가 3개나 금이 갔다고 했다. 암으로 뼈가 약해져서 살짝만 닿아도 뼈에 금이 가고 부러질 수 있다고 했다.

그래도 그는 믿음에서 흐트러지지 않았다.

죽음에 대한 두려움도 없다고 했다.

적어도 함께 만나 기도하고, 대화하는 동안 그는 한 번도 원망의 말을 하지 않았다.

혼자 있는 시간에는 어떠한지 다 알 수 없었지만, 그 극한의 고통에서도 그가 나에게 보여준 것은 정말 큰 메시지 그 자체였다.

그는 말로 하지는 않았지만, 눈으로, 표정으로, 하나님을 대하는 태도로 이렇게 말하는 것 같았다.

"믿음이 이런 거예요."

"믿음이 모든 두려움을 몰아내 주었어요."

"나는 믿음으로 암을 이겼어요."

　그는 1년여의 투병을 하다가 천국으로 갔다.

　나는 죽음 앞에서, 고통 앞에서 믿음을 입증하는 것이 얼마나 어려운 것인지 많이 보아왔다.

31.
이놈의 가슴이 아프단 말여!

드라마를 보는데 주인공이 가슴을 퍽퍽 치면서 "이놈의 가슴이 아프단 말여!"라며 울부짖었다.

드라마는 현실이 아님에도 충분히 감정이입이 되어 얼마나 가슴이 아플까 하는 아련함이 전해왔다.

너무 아프지 않으면 가슴이 아프다는 말은 좋은 말 같다.

너무 아프지 않으면 가슴이 아프다는 말은 낭만적이기까지 하다.

사람들은 일반적으로 가슴이 아프다는 말을 사랑한다는 말과 같은 의미로 사용하기도 하고, 그 말을 듣는 사람도 그렇게 이해하곤 한다.

가슴이 적당히 아프고, 가슴이 싸할 정도만 아프고, 또 누군가 다독여 주면 아픔이 봄눈 녹듯이 곧 사라지는 그런 정도의 가슴 아픔은 따뜻한 아픔이기도 하다.

나의 삶을 돌아보면 나도 가슴이 아팠던 적이 많지만 대체로 견딜 만큼만 아팠던 것 같다. 이미 지난 일이라서 그럴 수도 있지만 너무 아프지 않을 만큼만 아팠던 것 같다.

이 얼마나 감사한가?

그럼에도 나도 가슴이 아팠던 적이 있다.

가슴이 시리기도 하고, 가슴에 멍이 든 것 같기도 하고, 잊히지 않을 만큼 아팠던 적도 더러 있다.

그래도 가슴을 후벼파는 것처럼, 가슴을 도려내는 것처럼, 가슴에 못을 박는 것처럼 아프지는 않았던 것 같다.

그런 면에서 나는 가슴을 팍팍 치면서 아파하는 것이 얼마나 아픈 것인지 전혀 모르고 사는지도 모르겠다.

그런데 나의 어머니도 때론 나를 앞에 앉혀두고, 때론 끌어안고 그렇게 아파하셨는데, 나 때문이었는지, 아버지 때문이었는지, 어머니로서 무거운 짐 때문이었는지 어릴 때의 나는 충분히 이해할 수 없었다. 그래도 많이 아파하셨다는 것을 충분히 느꼈었다.

나의 형도 그렇게 아파하는 것을 보았다.

사랑하는 아들이 암으로 먼저 하나님께로 갔다.

나도 형이 많이 슬퍼하고, 많이 아파하는 것을 알았다.

정말 많이 아파했다.

가끔은 형이 먼저 간 아들이 "많이 생각나겠구나! 아주 많이 그립겠구나! 아주 많이 보고 싶겠구나!"라고 생각하곤 한다.

그런데 어느 날 형수님에게 전화가 왔다.
형수가 전해주는 형과 형수님의 통화 내용은 이랬다.
"형으로부터 엄청 많이 아프다고 신음하면서 전화가 왔는데, 구미 근처 고속도로 갓길에 자동차를 세웠다고 말한 후에 전화가 끊겼는데 혹시 어떻게 되었는지 전화도 안 되니 수소문해 볼 방법이 없을까요?"

나는 119에 전화를 해서 상황을 설명했더니 구미 시내에 있는 병원으로 이송한 분이 있었다고 했고, 전화번호 확인을 통해서 그렇게 이송한 분이 형이라는 것을 알게 되었다.

그리고 몇 시간 후에 형으로부터 전화가 왔다. 담석증으로 갑자기 통증이 몰려왔는데, 감당하기 어려웠다고 했다. 겨우 119로 긴급전화를 걸어 구급차로 병원에 실려 가서, 응급처치를 받고 방금 나왔다고 했다. 그러면서 아들을 보내고 가슴이 아팠던 통증보다는 덜 했다고 했다.

보통은 가슴이 아프다고 할 때 나는 가슴은 통증이 없는 아픔으로만 생각했었다.
형의 표현을 빌리자면 가슴을 강한 힘으로 눌러 조이는 것처럼, 날카로운 송곳으로 찌르는 것처럼 아팠다고 했다.

나는 그 아픔이 얼마나 큰지 몰랐다.

물론 지금도 그 아픔의 크기가 어느 정도인지 모른다.

내가 경험하지 못한 아픔의 크기는 상상조차 불가능하다.

내가 경험하지 못한 아픔은 아무리 공감하려고 해도 공감할 수 없다고 하는 것이 솔직한 고백이지 않겠는가?

설령 내 가족, 나의 형, 나와 아주 가까운 이웃이 드라마의 주인공처럼 "이놈의 가슴이 아프단 말여!"라고 신음을 토하며 가슴을 퍽퍽 친다고 하더라도 그 아픔이 정확하게, 똑같은 크기로 느껴지지는 않는다.

그럼에도 나도 그들의 아픔을 온전히 공감하고, 동일하게 느끼고 싶다. 실제로는 한 몸이 아니기 때문에 절대로 그 아픔들에 대한 완전한 공감은 절대 불가능하다는 것을 알면서도 영혼을 보살피는 목사로서 그런 마음을 갖고 싶다.

이런 불가능의 대전제 앞에서 주님께 기도한다.

온전히 공감하실 수 있고, 온전히 어루만져 주실 수 있는 예수님께 기도한다.

채찍에 맞으시고, 또 십자가에 못 박히셔서 피를 다 쏟으시는 극도의 고난을 거쳐 돌아가셨지만, 궁극적으로는 죄인을 사랑하심으로 죄인이 겪어야할 모든 고통을 대신 다 짊어지시고, 사랑으로 심장이 터지셔서 돌아가셨을 나의 주님께 기도한다.

주님, 아픈 이들을 공감해 주소서!

주님, 아픈 이들의 아픔을 받아주소서!

주님, 아픈 이들이 더 이상 아프지 않게 하소서!

주님, 저에게도 가슴 아픈 이들을 가장 적절하게 공감할 수 있는 가슴을 주옵소서!

32.

몇 개의 기억으로도 나누어 주는 행복

우리 교회 바로 아래층에는 "OO여성장애인연대"라는 단체가 있다. 여성장애인연대라는 이름이 말해주듯이 장애인 회원들은 100% 여성들이고, 활동하는 간사님들도 대부분 여성이다. 사람이 바뀌어도 언제나 남자 간사님이 항상 딱 한 분씩 같이 활동하시는 것을 제외하면 모두 여성들만의 공간이다.

나는 그곳에 자주 간다. 모두 여성들이지만 같은 건물에 있고, 목사이기 때문에 인사도 하고 지내고, 같이 대화도 하면서 지낼 수 있어서 감사하다. 그곳에서 만나는 사람들은 거의 모두가 심신 장애가 있는 분들이다.

그곳에 가면 "목사님!"하고 부르며 다정하게 다가와 주는 이들이 있다. 나의 작은 관심보다 몇 배나 상냥한 목소리로 다가와 주는 그들에게 나는 빚을 지고 사는 느낌을 받을 때가 많다.

그중에 K라는 아주머니(?)가 있는데, 어린이 같은 느낌을 주는 분이다. 그가 사용하는 언어를 보면 단어도 제한 적이고, 알고 있는 것이 아주 적다는 것을 알 수 있다. 글씨를 쓸 줄도 모르고, 읽을 줄도 모른다고 한다. 그가 알고 있는 몇 안 되는 지식 중의 하나가 나를 목사로 기억하고 있다는 것이다. 그를 만날 때마다 나는 그에게 단어 한 개라도 가르쳐주고 싶어서 입으로 반복하고, 그 단어를 연상할 수 있는 몸짓으로 보여주려고 한다.

나는 장애인을 돕거나, 함께 할 수 있는 기본적인 어떤 교육도 체계적으로 받아본 적은 없다. 그렇기 때문에 장애인을 만나면 함께하고 싶지만, 나의 태도, 나의 언어, 내가 접근하는 방법이 틀릴지도 모른다는 생각에 주춤거릴 때가 많다.

그렇지만 여성장애인연대에서 만난 사람 중에 여러 명과 반갑게 인사를 하고 지낸다. 그중에 한 분이 K라는 분이다.

K는 자신의 나이도 모르고, 단지 자신의 아들이 고등학생이라는 것과 자신은 닭띠라는 것만 알고 있다.

"우리 아들은 고등학생예요. 나는 닭띠예요."라는 말만 반복한다.

"네에 그렇군요."

그리고 나는 속으로 "고등학생인 아들이 있구나, 나이는 00살쯤이겠구나!"라고 추측해 보곤 한다.

그에 대해서 알고 있는 분이, 6살 때 뇌막염에 걸려서 심한 장애가 왔다고 말해줬다.

그가 기억하는 것을 모두 합쳐도 몇 개가 안 되고, 앞으로 더 습득할 수 있는 것도 한계가 있을 것으로 생각한다.

그런 그가 활짝 웃으면서 나를 목사로 기억하고 "목사님!"이라고 부르는 그 호칭 하나만으로도 그가 나에게 나누어 주고, 보내 주는 행복, 기쁨은 나의 가슴에 한 아름이 되어, 아이들 말로 "하늘만큼, 땅만큼" 크게 다가온다.

그가 누구인지를 알기 때문에 그의 전 지식을 다 동원하여 나를 불러주고, 반겨주고 있다는 것이 얼마나 고마운지 모른다.

그가 나에게 전해주는 행복, 그가 나에게 전해주는 만큼을 다시 돌려줄 수 없지만 나도 내가 보여줄 수 있고, 표정으로 나타낼 수 있는 가장 밝은 얼굴과 나의 목소리로 낼 수 있는 가장 상냥하고, 경쾌한 음성으로 인사를 한다. "안녕하세요 OOO님?"

나는 종종 "기독교는 기억이다"라고 생각하고, 그렇게 설교하기도 한다.
하나님의 말씀인 성경에 모든 것이 담겨있으므로 성경을 기억하고, 성경의 핵심 이신 예수님을 마음의 중심에 기억하는 것이 구원이고, 영생이다.
K가 나를 목사로 기억하듯이 그의 기억의 방에 구원자이신 예수님이 들어가시길 기도한다.

K가 성경을 많이 알지 못해도 지식의 근본, 지혜의 근본인 하나님을 기억하고, 말씀이신 예수님을 기억할 수 있으면 얼마나 좋을까 하고 생각해 본

다.

나는 그를 볼 때마다 하나님께 나 혼자만의 기도를 한다.

"K에게 기억력을 주세요."

물론 하나님의 은혜를 통한 믿음을 동반한 구원자 예수 그리스도를 알고, 기억하기를 기도한다.

하나님의 사랑과 긍휼히 여기심이 하나님의 성품에 일치되게, 하나님의 뜻 안에서 그의 인생을 이끌어 가시길 기도한다.

사람이 제일 먼저 배우는 말이 엄마, 아빠일 것이다.

그리고 한참 후에야 우리의 가슴과 머리에 하나님의 이름이 새겨진다.

새겨지는 순서는 그렇더라도, 만약에 나의 머릿속에서 내가 알고 있는 것들이 지워지는 일이 생기더라도 제일 마지막까지 지워지지 않는 분이 나의 하나님이길 기도할 때가 있다.

이와 비슷한 기도를 K를 앞에 두고 기도한다.

"주님, K의 기억의 방에 딱 하나만 들어갈 수 있다고 하더라도 그 방에 예수님이 계시길 기도합니다."

33.

J의 얼굴에서 봄이 보였다

J를 만나게 된 것은 그의 부모님 요청으로 만나게 되었다.

그의 부모님은 J에 대하여 미안한 마음과 불편한 마음을 함께 가지고 있었다.

J의 꿈은 사대에 진학해서 교사가 되는 것이었다고 한다.

그런데 그 아버지의 생각은 달랐었다고 한다.

"이왕 가르치는 사람이 되려면 교수가 돼야 한다."

이런 생각이 점점 자라나서 아버지가 아들의 마음을 눌러 결국은 대학 진학은 아버지의 생각대로 진학하게 되었다고 한다.

그의 부모님이 말해준 그간의 그는 대략 이러했다.

고등학교를 졸업하기까지 공부도 잘했고, 모범생이고, 충분히 활동적이고, 명랑하고, 자신감 넘치는 자랑스러운 아들이었다고 한다.

그런 그가 아버지의 뜻을 따라서 교사의 꿈을 일단 접고 서울의 명문대에 진학을 했는데, 대학에 진학하자마자 그에게 다가온 것은 점점 더 공부 자체가 싫어졌고, 고등학교 때까지는 교우관계도 원만했는데 대학에서는 친구들을 만들지도 못했고, 그 누구와도 어울리지 않았으며, 그저 혼자 외톨이로 지내기 시작했었다고 했다.

자신이 원하는 전공도 아니었고, 대학 생활도 자신이 기대했던 것과는 많이 달랐다는 것이었다.

그러다가 군대에 가게 되었고, 전역을 한 후에 복학했지만, 대학 생활 자체가 더욱 싫어서 결국 졸업을 하지 못했다고 했다.

그렇게 지내다가 부모님이 "공무원이나(?) 되라!"고 해서 공무원 시험 준비를 몇 년째 하고 있는데 계속 아슬아슬하게 떨어지고, 또 아깝게 계속 떨어지고, 그렇게 반복해서 아주 많이 떨어져서 곧 합격할 것이라는 확신과 아무리 노력해도 안 될 것 같다는 불안감이 계속 교차하는 가운데 포기하기에는 지금까지 공부한 것이 아깝고, 계속하기에는 너무 많은 시간을 낭비하는 것 같은 딜레마 속에서 공무원 시험 준비하고 있는 그를 만나게 되었다.

그의 부모님은 엄청 미안한 마음으로 뭔가 돌파구가 있을까 해서 자신들의 아들을 만나 달라고 했다.

전화번호를 받고, 문자를 했다.

몇 번의 문자를 했지만, 대답이 없는 그와의 첫 만남이 성사되기까지는 꽤 오랜 시간이 걸렸다.

그동안 그의 부모님이 중간 연락책이 되어 주었다.

그런 과정을 거쳐서 그를 만나게 되었다.

그가 공부하는 도서관으로 찾아가서 그를 만났지만, 그는 말이 없었다. 그는 아무 말도 하지 않았다.

그는 묵묵부답으로 나를 대했다.

모든 것이 귀찮은 듯, 모든 것에 관심이 없는 듯 보였다.

말이 없는 그와 나 사이에 그의 어머니가 의사소통을 조금씩 도와주었다.

가을에 처음 그를 만난 후 겨울 동안에도 그의 집 앞으로 가서, 그가 공부하는 도서관으로 가서 그와 꾸준히 일주일에 한 번씩 만남을 계속했다.

그는 가족들과도 대화를 거의 하지 않는다고 했다.

하물며 나하고 말을 많이 할 리가 없었다.

만나는 동안 컨디션이 안 좋다고 만남을 연기하곤 했다.

그러나 만남을 이어오는 동안 적잖은 변화가 일어나고 있음을 느끼게 되었다.

어느덧 J와 만나서 30~40분 정도의 시간을 함께 보내면 한두 번은 아주 환하게 웃는 모습을 볼 수 있게 되었다.

지난주에는 내가 머리를 자르고 갔는데, 나에게 더 젊어 보인다고 하면서

환하게 웃는 모습이 얼마나 좋았는지 모른다. 그것만으로도 가슴이 뭉클했다.

더욱이 자신의 어려움을 조금씩 얘기하기 시작했다.
자신의 건강과 미래에 대한 염려들을 조금씩 얘기하기 시작했다.
그리고 얘기가 끝난 후 함께 손을 잡고 기도하자고 제안했고, 그가 따라주어서 손을 잡고 기도하기 시작했고, 기도가 끝나면 그도 "아멘!"이라고 했다.

그에게 함께 성경을 같이 공부를 하자고 제안했지만, 교재를 가지고 성경을 공부하는 것은 원하지 않아서 말해주고 싶은 성경 구절을 말하고, 설명해 주면 잘 들어주고, 고개를 끄덕여 주기 시작했다.

어느덧 봄이 되었다.
J의 얼굴에서 나는 봄을 발견했다.
어떤 봄보다도 의미 있는 봄이 그의 얼굴에서 피어났다.

34.
죽고 싶은 고통 속의 살고 싶은 마음

벌써 몇 달 전의 일이다.

초저녁 시간에 조카에게서 전화가 왔다.

전화기에서 들려오는 그의 목소리에서 술 냄새가 풀풀 뿜어 나오는 것 같았다.

"삼촌, 나 죽고 싶어요. 그런데 교회에 가고 싶네요."

술에 취한 그와 통화를 하다가 끊었는데, 다시 늦은 밤에 전화가 왔다. 초저녁보다는 술이 좀 깬 목소리였다. 초저녁보다는 차분하고, 진지한 목소리로 그간의 얘기를 했다. 하루도 빠짐없이 술을 마셨다고 했다.

그런데 술을 마시면 몸이 안 좋고, 몸이 안 좋으면 술의 힘을 빌려 잊고 지내려고 더 마셨다고 했다.

나는 1녀 5남의 막내다. 그런 탓에 맏이인 누님과 나는 24살 차이가 난다. 나는 가족을 소개해야 할 때 이렇게 말하곤 한다.

"저는 저와 두 바퀴 차이가 나는 누님이 계시고, 그 아래로 남자만 쭉 다섯 명 중의 막내입니다."

나의 누님은 내가 태어나기도 전에 결혼을 해서 나보다 나이가 많은 조카가 셋이나 있고, 그리고 넷째는 쌍둥이 조카들이 있고, 그 뒤로 막내 조카가 있다. 쌍둥이 조카들은 나보다 딱 한 살 아래다. 청소년기에는 "조카들에게 나는 상당히 불평등한 존재로 보이지 않을까?"라고 속으로 생각하곤 했다.

내가 목회를 시작하고, 어느 시점에 그가 우리 교회에 나오기 시작했다. 교회에 올 때는 술을 끊은 것처럼 하고 왔지만, 밤에는 늘 술을 마시는 것 같았다. 몇 년 동안 교회에 나오면서도 술을 끊지 못했다. 신앙생활을 잘하고 싶다고도 했고, 성경을 따라 살겠다고 말했지만, 나는 그가 신자다운 진정한 고백이 있었는지 확신이 서지 않아서 내내 안타까워했다.

주일예배도 잘해야 한 달에 두 번 아니면 한 번 출석했다. 그렇게 3-4년쯤 나오다가 그나마도 발길을 뚝 끊었다. 그 뒤로는 전화를 해도 받지 않고, 문자를 해도 묵묵부답이었다. 그래도 신앙을 잊지 말라고 한 달에 한 번 정도는 받지 않는 전화와 응답이 없는 문자를 보내면서 꽤 많은 시간이 흘렀다.

그런데 몸에 아주 심각한 문제가 생겼고, 막다른 골목에 이르렀다는 것을 알고 전화를 했던 모양이다.
"오는 주일부터 예배에 갈게요."

그렇게 말하고는 다시 한 달여 동안 연락이 안 됐다. 그런데 며칠 전 설 인사 겸 누님에게 전화를 드렸더니 그 조카가 병원에 입원했다고 했다. 전화를 끊고 입원했다는 병원으로 갔다. 병실에 들어서자 잠시 무거운 침묵이 흐르는 가운데 가벼운 눈인사로 지난 긴 시간의 인사를 나누자, 그가 입을 열었다.

"삼촌, 내 인생은 왜 이렇게 따라지 같지요?"
그의 말에 나는 어떤 표정으로 어떤 말을 해야 할지 말이 떠오르지 않았다.
이어지는 그의 말에는 대상이 분명하지 않은 누군가를 원망하고 있었다.
그 대상이 자신인지, 하나님인지, 가족인지, 어쩌면 목사인 나를 원망하고 있는지도 모를 일이었다.

그러니까 술을 많이 마시고 밤에 전화했던 그날 이후 한 달여 만에 입원한 병실에서 만나게 되었다. 이미 발병해서 치료를 받아온 임파선암이 재발 되었다고 했다. 게다가 암과의 인과관계는 정확히 알 수 없지만 면역력이 약해져 온몸에는 대상포진이 나타났고, 허리 부위에는 연조직염이라는 세균성질환이 나타나서 괴롭다고 했다. 모든 질병이 힘들지만, 생명을 잠식해 들어오는 것 같은 암과 힘겨운 싸움과 대상포진과 연조직염의 공격을 막아내기에는 역부족이라는 것을 스스로 느끼고 있는 것 같았다.

그의 원망 섞인 말이 이어졌으나 그의 말 속에서 묻어나는 그의 마음은 이미 항복한 사람 같았고, 하나님의 도우심을 갈망하고 있음을 느꼈다.

그간 잠수하듯이 지냈던 시간에 대해 말을 꺼냈다.

많이 힘들었다고 했다.

그의 얘기를 듣는 내내 나의 마음은 안타깝기도 하고, 측은하기도 하고, 슬프기도 하고, 아프기도 했다.

나는 그의 말을 조용히 듣다가 말을 꺼냈다.

"이제라도 하나님께로 돌아와!"

그의 대답이 이랬다.

"하나님을 믿고 싶은데 잘 안되네요."

"예수님을 영접하면 돼. 예수님을 영접하고, 예수님을 믿는 것이 하나님께로 돌아오는 거야."

잠시 침묵하던 그가 대답했다.

"마음과 몸이 따로 놀아요."

"아버지와 아들이 있는데, 아버지는 그 아들을 너무 사랑해서 뭐라도 다 주고 싶어 하시는데 아들은 아버지를 계속 피하고 엇나간다면 아버지는 어떻게 하실까? 아버지는 아들을 설득할 만큼 설득도 하시고, 타이를 만큼 타이르기도 하셨고, 가르칠 만큼 가르치기도 하셨는데, 아들이 아버지의 어떤 말도 들으려고 하지 않는다면 아버지는 어떻게 하실까? 만약에 그 아버지는 어떤 제약도 받지 않으시고, 무엇이든지 하실 수 있는 분이라면, 아버지가 아들을 위해서 하실 수 있는 것은 무엇일까?"

"글쎄요."

나는 말을 이어갔다.

"내가 곰곰이 생각해 봤는데, 내 머리로는 아무리 짜내 봐도 아버지가 하실 수 있는 일은 몇 가지가 안 되는 것 같아. 내가 그런 아버지라면 할 수 있는 것이 없는 것 같아. 그래도 우리 하나님 아버지는 하실 수 있는 옵션이 있으실 것 같아"

그날부터 나는 매일 그의 병실을 방문해서 함께 성경을 나누고 함께 기도했다.

간혹 자기 삶에 대해서 자조적인 말과 원망 섞인 말을 하지만 나는 그를 하나님의 면전에 세우고 싶었다.
함께 손을 잡고 기도했다.
매일 새벽기도가 끝나면 곧바로 그의 병실을 방문했다.

"이렇게 매일 오다가 습관 되겠어요."
"매일 기도해야지, 매일 같이 기도하고 싶어."

나는 하나님이 그에게 암과 싸워 이길 수 있는 이김을 주시고, 이전과 완전히 다른 새로운 인생을 살 수 있는 기회를 주시길 기도했다.

그의 간절한 꿈, 그의 절실한 소망은 병이 낫는 것임을 나는 알고 있었다.

그렇지만 나는 그가 생각하는 간절하고, 절실한 소망보다 더 큰 소망, 그보다 더 중요하고 앞선 소망을 품어야 소망이 있다고 말해줬다.

"사람이 가져야 하는 소망 중에 가장 첫 번째 되는 소망은 하나님을 아는 소망이어야 해!"

"이제 그 소망이 나에게 어떤 의미가 있을까요?"

"그 소망이 우리를 영생으로 인도하신다는 것을 믿어야 해!"

그는 자신의 시간이 얼마 남지 않은 것을 알고 있는 것 같았다.

나의 눈에는 암이 그를 점점 더 이겨가고 있는 것처럼 보였고, 그는 점점 힘을 잃어가고 있었고, 불과 한 달여 전보다 지금은 더 현저히 힘겨워하고 있었다.

나는 그의 손을 꼬옥 잡고 말했다.

"우리가 지금까지 어떤 삶을 살아왔느냐에 마음을 두지 말고, 바로 지금 여기에서 예수 그리스도의 이름을 의지하여 하나님의 품으로 들어와! 하나님과 함께 있다면 이 시간은 인생의 가장 절정의 시간이야."

며칠이 지나지 않아 그는 1인실로 옮겨졌다.

그는 다인실에 있던 암 환자가 1인실로 옮겨지는 것이 무엇을 의미하는지 잘 알고 있다고 말했다.

안면이 있는 그의 주치의 교수님이 나에게 살짝 귀띔을 해줬다.

"여러 수치로 볼 때 24시간 이내인 것 같습니다!"

나는 그에게 끝까지 소망을 품은 용기를 주고 싶어서 병실에서 그와 함께한 마지막 예배의 마지막 기도를 하면서까지도 작별을 의미하는 내용은 포함하지 않았다.

그날 그와 나는 적어도 이 땅에서는 마지막 대면이었다.

35.
물미역

나는 물미역을 아주 좋아한다.

물미역을 데쳐서 초고추장에 찍어 먹으면 미역 특유의 향도 좋고, 식감도 좋고, 또 미역은 건강에도 좋다니 큰 부담을 느끼지 않으면서도 맛있게 먹을 수 있는 아주 좋은 먹거리 중의 하나이다.

나에게는 물미역에 얽힌 얘기가 있다.

하나, 나의 둘째 형수님이 들려준 형님과 형수님의 신혼 초에 있었던 에피소드다.

어느날 형님과 형수님이 식당에 갔는데, 형수님이 느끼기에 약간 식성이 까다로운 형님이 물미역을 너무 맛있게 먹어서 형수님은 속으로 시장에 가면 물미역을 사다가 식탁에 올려봐야겠다고 생각했다고 한다. 드디어 시장에 갔는데, 물미역이 보여서 큰맘을 먹고 사다가 정성껏 식탁에 올렸는데 형이 딱 한 젓가락을 먹더니 아무 말도 안 하고 더 이상 젓가락이 가지 않더라는 것이다.

속으로만 "왜 안 먹지, 왜 안 먹지?"라고 생각하면서, "사람 차별하는 것도 아니고, 식당에서는 그렇게 맛있게 먹더니 왜 안 먹는 거지?"라고 속으로만 심각한 질문에 빠졌었다는 것이다.

형수님은 한 편으로는 섭섭하기도 하고, 한편으로는 뭔가가 있지 않을까 하는 그 풀리지 않는 궁금증을 가지고 있던 어느 날 친정 엄마께 말씀을 드렸다고 한다. 자초지종을 다 들으신 형수님의 친정 엄마께서는 "물미역을 사다가 어떻게 했니?"라고 물으셨다고 한다.

형수는 태연하게 "물미역에서 나오는 찐득찐득한 것을 없애려고 아주 여러 번 씻었지요"라고 했더니 친정 엄마께서 물미역에 얽힌 비밀을 풀어주셨다고 했다.

"물미역은 씻은 다음에 끓는 물에 데쳐야지, 그냥 상에 올리면 비린내도 나고, 끈적끈적, 미끈미끈한 것이 먹기 힘들지"라고 말씀해 주셔서 형님이 물미역을 먹어주지 않아서 혼자 품고 있었던 섭섭함을 풀게 되었다는 것이었다.

둘, 어느 수요일 저녁, 수요예배를 시작하려고 하는데 낯선 분이 교회로 들어왔다. 그는 자신은 대전 사람인데 지금은 전남 완도에서 크레인 운전을 하는 사람이라고 자신을 소개했다. 수요예배가 끝난 후에 잠깐 소개도 하고 대화를 나누는 시간을 가졌다.

완도에서 크레인으로 미역 양식장에서 미역 포자를 바다에 뿌리고, 미역이 자라도록 관리하고, 미역이 다 자라면 미역을 수확하는 일을 크레인으로 하고 있다고 했다. 그러면서 다시 완도로 내려가면 성도님들이 나누어 먹을 수 있도록 물미역을 보내주겠노라고 하고 헤어졌다. 며칠 후에 택배로 엄청난 양의 물미역이 도착했다. 성도가 얼마 안 되어 전 성도에게 분배했는데도, 너무 많아서 나눔에 곤란을 겪을 만큼 많은 물미역을 보내줬다.

그리고 몇 개월의 시간이 흐른 후에 그는 다시 한번 수요예배에 왔다. 그는 완도 생활을 정리하고 대전에 올라왔다면서 대전에 정착을 해야겠다는 계획을 밝혔다. 그리고 돌아갔다. 서글서글한 성격에 붙임성 있는 그를 기다리고 있었다. 그런데 그렇게 돌아간 후에 그는 다시 나타나지 않았고, 전화 연결도 안 되고, 완전히 연락이 끊겼다. 그렇게 싱싱하고, 풍성한 물미역을 보내준 따뜻한 마음을 생각하면서 그를 기다리고, 그가 알려 주었던 번호로 전화하고, 문자를 보냈지만 더 이상 연결이 안 되었다.

그리고 몇 년의 시간이 지난 후에 그로부터 연락이 왔다. 경기도 안산에 정착했고, 외국인 여성과 재혼해서 열심히 살고 있다고 했다.

셋, 며칠 전의 일이다. 수요일이라 평소처럼 교회 주변을 돌면서 사람들을 만났다. L 집사님이 근무하는 마트도 방문했다. 마트의 진열대에는 소량으로 포장해 놓은 물미역이 눈에 띄었다. 한 개만 살까하다가 영하 10도 이하로 내려간 추위에 얼어버릴까 봐 걱정하는 L 집사의 마음이 느껴져서 네 개를 샀다. 가격도 한 개에 일천오백 원이었다. 머릿속으로 계산하기를 세 개는 나누어 먹을 생각으로 한 개는 집으로 가져올 생각으로 샀다. 그런데 갑자기 예상하지 못한 상황이 벌어졌다. 나누어야 할 사람이 갑자기 한 사람이 늘어나 한 개가 부족했다. 순간 망설이지 않을 수 없었다. 마음속으로 모두 하나씩 줄까, 아니면 아무도 주지 말까 하는 생각이 머릿속에서 빠르게 스치고 지나갔다. 내가 제일 좋아하는 물미역인데.......

나는 나의 마음을 들키지 않으려고 표정 관리에 돌입했다. 다행히 아무도 나의 망설임을 눈치채지 못한 듯했다. 나는 내가 가져가는 것을 포기하고 한 개씩 나누는 것으로 결정하고야 말았다.

그리고 다시 물미역을 사러 L 집사님의 마트를 향했다.

다시 한 개를 결재하고, 물미역을 손에 넣은 그 뿌듯함으로 집으로 왔다. 아내에게 물미역을 사 왔다고 자랑하고, 함께 주방에서 물을 끓이고, 물미역을 끓는 물에 넣었다. 갈색의 물미역이 식당에서 나오는 것 같은 진한 녹색으로 변했다. 미역은 뜨거운 물에 데치면 오히려 더 싱싱한 색채를 띠고, 더 살아 있는 것처럼 보인다.

밥과 함께 물미역을 초고추장에 찍어 먹으면서 나 혼자만의 작은 해프닝이 가져다 준 작은 행복이 더 밥맛을 돋구어줬다.

나는 미끈미끈하고, 끈적끈적하면서도 바다의 향이 있고, 작은 사랑이 담긴 물미역의 추억을 생각하곤 한다.

36.
냉이를 캐러 갔다가.......

목회를 하다보면 여러 가지 경험을 하게 된다. 어떤 일은 정말 나의 의지와 관계없이 해야 할 때도 종종 있다.

월요일 하루 시간을 내어 나물 캐러 가자고 조르는 연세 드신 집사님들의 성화에 못 이기는 척, 일일 기사가 되어 햇볕 좋은 봄을 만끽할 수 있었다.

금산군 추부면의 외딴곳으로 향했다.

여 집사님 두 분과 추부에 사는 전도사님과 넷이 냉이를 캤다.

냉이가 지천으로 널려있었다. 채 한 시간도 안 돼서 가져간 비닐봉지를 가득 채울 수 있었다.

냉이를 캤던 밭의 바로 옆의 외딴집에 사는 부부를 만났다. 함께 갔던 분 중에 한 분이 전부터 그 부부를 알고 있어서 함께 인사를 했다.

그 부부는 그곳에 살면서 농사짓는 부부였다. 그 부부의 남편인 김씨는 그곳 토박이고, 그의 아내는 베트남 사람이었다. 소위 나이 많은 노총각이 베트남의 젊은 여성과 국제결혼을 한 가정이었다.

인사를 하자 우리 모두를 집으로 들어오라고 해서 함께 들어갔다. 김씨의 베트남 댁 아내가 커피를 내왔다. 커피가 평범하지 않았다. 그야말로 설탕이 범벅이 된 커피였다.

그 베트남 댁은 국제결혼으로 한국에 들어온 지 7년이 조금 넘었다는데, 김씨는 자기 아내에 대해서 푸념이 섞인 듯, 한탄인 듯 말을 이어갔다.
"아이고, 힘들어요. 집을 나가기도 하고, 베트남으로 돈을 가지고 도망도 가고......"
그런 일이 7년 동안 반복되었노라고 했다.

김씨의 표정에서는 그래도 결혼을 계속 유지해 오고 있는 것이 스스로 대견스럽다는 듯, 야릇한 표정을 지었다.
그러면서 또 푸념을 이어갔다.
"저 여자는 돈밖에 모른다니까요."
"돈이 생겨도 은행에 넣지도 않고, 침대 밑이나 집안 구석에 감추어 둡니다. 그러다가 돈이 조금이라도 모이면 그 돈 가지고 사라집니다."

그동안 7년 넘게 살았는데, 제대로 산 것은 겨우 1년 남짓 된다고 했다.
김씨의 얘기를 들으면서 "그 동안 완전한 부부로 살지 못하고, 껍데기만 부부로 살았구나"라는 생각이 들었다.

김씨는 아내가 농사일을 하면 매일매일 일당을 쳐준다고 했다.

함께 갔던 김씨를 알고 있는 집사님이 김씨를 향하여 "그렇게 돈도 잘 벌고 능력이 있는데, 잘 구슬려서 살아야지!"라고 했다.

김씨는 꽤 넓은 땅에 비닐하우스를 지어 몇 가지 특수작물을 재배하여 꽤 많은 소득을 올리는 사람이었다.

그의 베트남 댁은 농사일을 해서 남편으로부터 일당을 받으면 꼬박꼬박 따로 모아서 베트남에 있는 부모님에게도 보내주고, 자기 나름의 재정관리를 하고 있다고 했다.

부부이기는 하지만, 결코 평범한 부부가 아니라 노동력 사용자와 노동력 제공자의 관계로 살면서, 또 서로 적당히 필요도 채우면서 이용할 것 이용하고, 사용할 것 사용하고, 제공할 것 제공하고, 받을 것 받아내면서 각자의 인생을 살아가고 있다는 생각이 들었다.

커피를 내온 후 줄곧 함께 앉아 있던 그 베트남 댁은 아주 밝고, 명랑한 사람이었다. 그런데 한국에서 7년이나 살았음에도 불구하고 한국말은 거의 못 했다. 누구의 책임이라고 할 수는 없겠지만 김씨도 한국말을 가르쳐줄 생각도 안 했고, 그의 아내도 남편과 많은 대화를 하고 싶지 않았는지 한국말을 배우려는 노력도 거의 하지 않은 것 같았다.

겨우 몇 개의 단어들만 겨우 알아듣고, 몇 개의 단어로만 말할 수 있었다.

지금까지 한국말을 배울 생각을 안 하다가 최근에 면사무소에서 운영하는 한국어 교실에 두어 번 나갔다고 남편 김씨가 말해주었다.

김씨는 전에 교회도 출석했었고, 교회에서 집사직분도 받았었다고 했다. 김씨는 현재는 교회에 나가지도 않고 있지만 아내와 함께 교회에 같이 나갈 수 있으면 좋겠다고 말했다.

나는 기회다 싶어서 그 베트남 여성에게 볼펜으로 그림을 그려가면서 열심히 복음을 소개했다. 한국어를 거의 못하는 그가 그림은 이해를 하는 듯 반응을 보였다. 이 광경을 옆에서 지켜보던 김씨는 아내가 철저하게 무신론자라고 했다. 그럼에도 나는 나의 최선을 다해서 복음을 설명했다.

나는 그의 집을 나오면서 조심스럽게 김씨에게 말했다.
"진짜 부부가 되어야 도망가지 않습니다."

그날 후로 나물 캐러 갔다가 잠시 만났던 김씨 부부가 어떻게 살고 있는지 가끔 생각이 난다.

37.
김밥데이

오늘은 특별 활동으로 예배 후에 점심으로 직접 김밥을 싸서 먹기로 했다. 어제 아내가 시장을 봐서 김밥 재료를 준비하고, 4팀으로 나누어서 팀별로 김밥을 싸서 먹으면서 즐거운 시간을 보내라고 모든 준비물을 4세트씩 준비했다.

요즘은 골목마다 김밥집이 있고, 김밥의 종류도 다양해서 취향에 따라 골라 먹을 수 있는 시대라서 김밥을 직접 싸서 먹는 가정이 그렇게 많지 않겠지만 그래도 한 번쯤은 아이들 소풍날이나, 특별 메뉴로 김밥을 싸서 즐거운 한 끼를 먹어봤을 것이다.

모두 참여해서 김밥을 직접 싸서 먹는 것에 호기심이 가득해 보였다. 남녀 구분 없이 모두 골고루 섞어서 대여섯 명씩 팀을 나누었다.

준비한 김밥김, 삶아놓은 시금치, 길게 썰어놓은 김밥용 단무지, 김밥용 햄, 계란부침, 가늘게 썬 당근, 깻잎, 참치, 씻은 익은 김치, 청양고추, 소금, 깨소금, 참기름, 김밥 마는 발, 밥 비빔용 대형 주발, 약간 된 밥, 도마,

칼, 가위, 비닐장갑 등등 테이블 위가 가득 차게 팀별로 분배했다.

 푸짐한 재료를 앞에 두고 팀끼리 모여서 시끌벅적했다.

 서로 이구동성으로 먼저 만들어 보고 싶다고 말했다.

 하루 전에 시장을 보기 전에 아내와 예행연습을 해봤던 대로 아이들과 청소년들을 위해서 아내가 시범을 보여주었다.

 먼저 참치를 넣어 참치김밥을 만들겠다는 분, 깻잎을 넣어 깻잎 김밥을 만들겠다는 분, 그냥 김밥을 만들겠다는 분, 김을 작게 잘라서 꼬마 김밥을 만들겠다는 분, 치즈를 넣어서 치즈김밥을 만들겠다는 분, 뭐니 뭐니 해도 김치가 최고라고 김치김밥을 만들겠다는 분, 정말 다양한 취향이 섞여서 행복한 광경이 벌어졌다.

 이렇게 모두 즐겁게 깔깔깔, 호호호, 히히히, 하하하...... 웃음꽃이 만발하니 보기에 심히(?) 좋았다.

 다양한 재료의 김밥만큼이나 다양한 웃음과 다양한 미소가 어우러졌다.

 이상한 광경이 벌어졌다.

 처음에는 서로 자기 취향대로 만들어 먹겠다고 하더니, 일단 허기를 채운 후에는 점차 솜씨 자랑으로 바뀌었다. 길이도 다양, 굵기도 다양, 내용물도 다양, 아이들이 허술하게 말아 놓은 김밥에서부터 야무진 손으로 단단하게 말아 놓은 김밥까지 다양한 김밥을 서로 옮겨다 주고, 나누어 주는 광경이 아름다웠다.

흔히 김밥집에서는 오뎅국물을 곁들여 먹는데, 우리는 콩나물국을 곁들여 먹었다. 김밥과 콩나물국의 만남은 어색한 듯 잘 어울리는 맛난 시간이었다.

요즘은 무슨, 무슨 데이가 참 많기도 하다.

매월 이런, 저런 데이가 있고, 또 우리가 이름을 지은 김밥데이도 있다.

무슨 날이라고 이름을 붙여 놓으면 평소의 어떤 날보다 이름만으로도 그날이 더 의미 있게 느껴지기도 한다. 그러나 진짜 그날을 의미 있게 하는 것은 무엇보다도 서로가 얼굴을 마주하고, 서로의 마음을 아주 조금이라도 빼꼼히 열어 보이고, 함께 사랑의 추억을 만들어 가고, 우리가 서로 같은 시간, 같은 장소를 공유했었다고 느끼고, 그것들을 소중히 여기는 것이 아닐까?

우리가 마음 가는 대로 만들고, 주문하는 대로 싸서 주는 "주문 대로 김밥 코너"에서의 한 때를 즐겁게 보내고 나니, 또 어느새 다음 김밥데이가 기다려졌다.

38.
세 계단씩 오르기

   내가 살고 있는 아파트는 15층 건물인데 계단 오르기가 건강에 좋다고 해서 1층부터 15층까지 계단으로 올라갔다가 엘리베이터 타고 내려오는 것을 하곤 한다. 계단 오르기는 비 오는 날이나, 눈 오는 날, 그리고 실외 운동을 하기에 너무 무더운 여름이나, 너무 추운 겨울에도 할 수 있는 좋은 운동이다.

   계단 오르기라고 아주 단조로운 운동은 아니다. 계단 오르기로도 할 수 있는 것이 많다. 빠르게 달려 올라가기, 최대한 빠르게 걸어 올라가기, 처음부터 끝까지 일정한 속도로 올라가기, 계단의 폭을 최대한 활용하여 지그재그로 올라가기, X자로 걸어 올라가기 등등, 여러 가지 방법으로 변화를 주며, 재미있게 할 수 있는 운동이다.

   핸드폰의 스톱워치를 사용하여 시간을 재어 기록으로 남겨보니 언제부터, 어떤 변화가 있었는지 볼 수 있어서 좋다. 어떤 날은 아무리 빨리 올라가려고 해도 기록을 경신할 수 없다. 상대방이 없이 그냥 자신의 기록을 경신해 간다는 것도 결코 쉬운 일은 아니다. 그렇다고 기록을 경신하기 위해서 첫날은 천천히 올라갔다가 그 다음 날부터 점점 빠르게 올라가서 날마다 기록을 경신할 수도 없는 일이다. 이미 최대한 빠른 속도로 올라가 나의 최고 기록을 세웠기 때문이다. 그날 이후로는 오로지 더 많이 운동을 해서 체력을 더 키우거나, 나 자신을 극복해 나가는 것밖에 없는 것 같다.

시간을 단축하기 위해서 올라가기 위해서 두 계단을 오르기를 시도한다고 해서 15층에 더 좋은 기록으로 올라갈 수 있는 것도 아니었고, 또 처음부터 뛰어서 올라간다고 해서 더 좋은 기록으로 15층에 다다를 수 있는 것도 아니었다. 일정한 속도로, 그러나 최대한 빠르게 걸어 올라갔을 때 새롭게 기록을 경신할 때도 있었다.

그러다가 유튜브를 보는데 두 계단씩 오르는 것이 하체의 근육을 늘리는 데 좋다는 정보를 얻게 되었다. 그날부터 두 계산씩 오르니까 더 힘은 들었지만, 확실히 운동은 더 많이 되는 것 같았다. 한 계단씩 오르는 것은 재미가 없어졌다.
두 계단씩 오르다 보니 세 계단씩 오르기를 시도해 보고 싶었다.

일단 3층인 우리 집까지 매일 두세 번씩 세 계단씩 올라가기를 시도했다. 계단을 세 계단씩 오르는 것은 누가 보기에도 점잖아 보이는 모습은 아닌 것 같아서 보는 사람이 없을 때만 세 계단씩 올라갔다.

또 무거운 가방이나, 물건을 들고 세 계단을 오르는 것은 쉽지 않았다. 정장을 입었을 때도 세 계단씩 오르는 것이 쉽지 않았다. 운동복을 입고, 운동화를 신었을 때만 세 계단씩 오르기를 계속했다.

드디어 15층까지 세 계단씩 오르기에 도전했다. 그런데 10층쯤 올라가니까 숨이 차고, 다리에 피로감이 왔다. 첫날은 13층까지만 올라갔다가 내려왔다. 다시 14층까지 도전하고, 그다음 날은 15층까지 올라갔다.

이제 세 계단 오르기도 어느 정도 적응이 됐다. 그러자 네 계단씩 오르기를 하고 싶어졌다. 그런데 아직 네 계단은 무리이다. 무리라기보다는 지금 나의 신체 여건상 난간을 잡지 않고 네 계단씩 오르기는 쉽지 않은 상태이다.

네 계단씩 오르기를 하려면 소위 "다리찢기"가 되어야 하고, 차고 오르는 힘이 있어야 가능하다. 위험하지 않게 네 계단씩 오르려면 앞뒤로 다리를 거의 완전하게 찢을 수 있어야 하고, 뒷발에 있는 중심을 앞발로 무리없이 이동할 수 있어야 가능하다.

언제나 새로운 도전은 재미있다.
모든 도전이 다 재미있지만, 몸으로 시도해 볼 수 있는 도전도 어떤 도전 못지않게 재미있는 일이다.

과연 나는 60대 중반의 나이에 네 계단 오르기에 성공할 수 있을까?

39.
가슴앓이를 하는 이들과 함께하면 내 가슴도 아프다!

K는 이렇게 아프다.

"이렇게 하면 안 된다는 것 아는데, 안 돼요. 왜 하나님이 그 사람을 만나게 했을까요? 그 사람을 만난 것이 하나님의 뜻이라고 확신했는데. 이제 모든 것이 싫어요."

L은 이렇게 아프다.

"내 속에서 두 마음이 싸우고 있어요. 진짜 이기고 싶은 마음에게는 지고, 져주고 싶은 마음에게는 이기려고 하고 있어요. 나는 왜 이 모양이죠?"

E는 이렇게 말한다.

"됐어요, 됐어! 무슨 상관이에요?"

S는 이렇게 한숨을 쉰다.

"치아에 이상이 생겼어요. 돈도 없는데, 임플란트를 하려면 최소한 1,200만 원이 든데요. 6개월 이내에 마련해야 하는데 걱정이에요."

가슴앓이, 걱정, 근심, 두려움, 초조함에 빠져 있는 이들이 정말 많다.

사람은 누구나 자기 나름의 요만 요만한 가슴앓이, 요만 요만한 걱정, 요만 요만한 짐 하나쯤은 다 끌어안고 산다. 사람이 끌어안고 있는 각자의 가슴앓이는 아무리 꼭꼭 숨겨도 가까이 다가가 눈여겨보면 보이기 마련이다.

어떤 시인은 꽃이라는 메타포를 사용하여 "자세히 보아야 예쁘다"라고 했는데, 그 시인이 말하는 자세히 보아야 하는 것은 분명 사랑하는 사람, 가까이 있는 사람, 자세히 볼 수 있는 사람에 대하여 말하는 것 같은데, 정작 가까이 다가가서 자세히 보면 "예쁘다"는 표현은 그냥 미사여구처럼 생각된다. 왜냐하면 진짜 보이는 것은 아픔이라는 가슴앓이가 크게 보여서 정작 예쁨은 잘 안 보이고, 뒷전일 때가 많다. 그렇게 가슴앓이가 보이면 해주고 싶은 말도 많고, 어떻게든 이끌어주고 싶은 마음도 불끈 일어나지만, 그냥 말없이 응원해 주는 것이 최선이라는 것은 그간의 목회 경험을 통해 얻은 나의 귀중한 자산이다.

대충 보면, 얼핏 보면, 건성으로 보면 보이지 않다가도 마음을 기울여 보면 각각의 그들 안에 응어리진 가슴앓이가 보이고, 그 가슴앓이가 보이면 내 마음도 따라서 아프다.

가슴앓이는 짐이기도 하다. 그렇게 느끼는 짐이라도, 대수롭지 않은 짐이라도 어떤 이는 그것에 짓눌려 죽을 것처럼 신음하고, 어떤 이는 그것이 벅차다고 비틀거리고, 어떤 이는 그것이 감당하기 어렵다고 안절부절못하고,

어떤 이는 그것 때문에 죽겠다고 탄식한다.

그래서 아는 사람은 안다.

무게가 같다고 모든 사람에게 같은 짐이 아니고, 크기가 같다고 모든 사람에게 똑같은 짐이 결코 아니라는 것을.

같은 무게, 같은 크기라도 누구에게는 가볍고, 누구에게는 무겁다. 또 무거운 짐이라도 누구는 눌리고, 누구는 치이고, 누구는 깔려서 옴짝달싹 못한다.

가슴앓이하는 이들을 보노라면 그들의 얼굴에서 가끔은 엄살도 보인다. 그런데 알고 보면 엄살도 아픔 이기는 매한가지다.

그리고 엄살도 자신의 아픔, 자신의 짐을 알아달라는 절규인 것을 생각하면 엄살이야말로 어떤 아픔보다도 더 처절한 아픔이고, 어떤 짐보다도 무거운 짐일 수 있다.

진짜 아픔이든지, 엄살이든지 모든 아파하는 이들의 아픔을 바로 곁에서 보고, 또 그들의 아픔을 가까이 느끼며 아파하는 것이 실은 사랑이고, 관심이다. 그리고 아파하는 이들을 사랑하고, 관심을 주고, 보듬어 안는 것은 특권이기도 하다. 아파하는 사람을 진지하게 사랑해 본 사람, 깊은 관심을 가져 본 사람, 따뜻한 가슴으로 아픔을 보듬어 안아 본 사람만이 누리는 기쁨이 있다. 아픈 사람과 함께 아파할 때 선물처럼 돌아오는 내적인 부요함이 얼마나 크고 놀라운지 모른다. 그 부요함을 누릴 줄 아는 사람이야말로 사랑의 참 의미를 아는 것으로 생각한다.

나아가 아파하는 이들과 함께 아파함으로 우리는 자신의 아픔을 이길 수 있는 진정한 힘을 기를 수 있는 학습의 과정을 지나게 된다.

그런 과정을 지나서 비로소 우리는 아픔을 함께 겪을 수 있는 사람, 아픈 이를 응원할 수 있는 사람, 아픈 이를 보듬을 수 있는 사람, 어떤 아픔이라도 잘 통과할 수 있는 사람이 된다.

우리는 사랑하면 더 큰 사랑을 할 수 있고, 더 큰 사랑을 하면 또 더 넓게, 더 깊은 사랑을 할 수 있고, 그로 인해 더 많은 기쁨을 누릴 수 있다.

아파하는 이들의 아픔을 바로 곁에서 바라보며 느끼는 것만으로 어떻게 진짜 아파하는 이의 아픔을 제대로 알까마는 바로 곁에서 아픔을 함께 견디고, 함께 이겨내는 과정에서 삶의 묘미를 배우고, 이김을 주시는 하나님의 손길을 느끼게 된다.

다 이해하지 못해도, 큰 도움은 못 되더라도 아픔의 여정에 있는 사람에게는 함께 가슴 아파하는 사람이 있다는 것만으로도 큰 위로이고, 아픔을 이길 수 있는 힘을 얻게 된다.

아픔, 아픔과 함께하는 것은 그런 것이다.

40.
송곡리 남권사님을 생각하며…

 내가 존경하던 어른을 기억하며, 오랜 기억을 더듬어 글을 쓴다는 것이 조금은 조심스럽다. 혹여 나의 표현이 실례가 될 수도 있다는 마음이 있기 때문이다. 그래도 나의 기억 속에 기쁘고, 의미있는 추억이라서 솔직한 언어로 써 본다.

 1998년 3월 첫 주부터 충남 공주시 반포면 송곡리에 있는 시골교회에 출석하며 예배를 드리게 되었다. 그 교회는 안 송곡이라는 마을과 바깥 송곡이라는 마을의 중간에 있었다. 송곡교회는 두 마을에 사는 연세가 꽤 드신 할머니들 몇 분으로 이루어져 있었다. 그중에서 가장 연세가 많고, 그 마을에서 존경받는 분이 남권사님이었다.

 나는 늦은 나이에 신학대학원에 진학하면서 그 교회를 떠났고, 2008년에 교회를 개척하여 목회를 시작했다. 몇 년이 지난 2011년 늦가을에 그 남권사님을 뵈러 갔었다. 남권사님을 처음 만난 10여년 전에는 총기가 좋으시고, 건강하신 80대 중반의 노인이셨다. 어느덧 10여 년이 흘러 권사님을 뵈러 갔을 때는 96세였다. 연로하신 권사님은 귀도 안 들리시고, 잘 걷지도 못하셨다.

인사도 드리고, 잠시나마 말동무가 되어드리려고 댁으로 찾아갔는데, 대문도 방문도 열려 있는데 권사님이 안 계셨다. 불러도 귀가 안 들리시니 들으실 리도 없고, 그래도 "권사님! 권사님!" 계속 부르면서 찾았다.

혹시 화장실에 계시려나 해서 화장실까지 열어보아도 안 계시고, 집 뒤꼍에 가 봐도 안 계셨다. 이리저리 찾고 있는데, 기침 소리가 들렸다. 기침 소리가 권사님의 기침 소리인 것 같아서 집을 지나서 뒤로 가봤더니 그곳에서 땅콩을 캐고 계셨다. 걷지 못하시니까 흙이 묻어도 되는 바지를 겉에 입으시고, 다리를 쭉 펴고 땅에 반쯤 누워 앉아서 몸을 끌다시피 이동하며 땅을 파고 계셨다. 몸을 굽혀야 한 사람이 겨우 지나다닐 수 있는 좁은 통로를 지나 거기까지 가서 땅콩을 캐다가 보시고 얼마나 반가워하시는지, 마치 나를 가장 반겨주던 우리 집 강아지보다 더 반가운 표정으로 반겨주셨다 (권사님, 죄송합니다. 이 표현 외에는 적당한 말이 생각나지 않습니다. 훗날 천국에서 만나면 꾸중들을 표현인지도 모르겠습니다). 나도 어쩔 줄 몰랐다. 나도 너무너무 반가웠고, 권사님의 반응에 나는 눈시울이 붉거졌다.

나는 권사님을 안고 방으로 왔다. 귀가 전혀 안 들리니 의사소통이 잘 안 되었지만 반가움은 충분히 나눌 수 있었다. 권사님이 늙으신 몸을 거의 끌다시피 움직여 배를 깎으시고, 냉장고에 있는 포도를 꺼내라고 하셔서 꺼내어 씻어서 같이 맛있게 먹었다. 같이 먹었다고는 하지만 권사님은 포도

두어 알, 배 반쪽쯤 드셨다. 귀가 안 들리시는 권사님과 나는 종이와 연필을 통역 삼아 겨우겨우 의사소통을 하면서도 전혀 불편하지 않게, 무척 재미있고, 너무 신나게 대화했다. 나는 글씨로 쓰고 권사님은 읽고 말씀하시고, 원활하지는 않았지만, 의사소통은 충분했다.

요즘은 교회에 가도 아무것도 안 들리고 스스로 이동할 수 없어서 교회에 안 가신다고 하셨다. 몹시 마음이 아팠다.

"그래도 따님의 도움을 받아 교회에 나가셔서 함께 예배드리세요."

함께 사는 결혼하지 않은 딸이 오래전에는 교회에 더러 권사님과 같이 나오기도 했었는데 지금은 교회에 대하여 아주 부정적인 사람이 되어서 엄마를 교회에 나가지 못하도록 막는다고 하셨다.

귀가 안 들리셔도 과일을 드시면서도 기도하시고, 내가 같이 기도하자고 했더니 또 손을 모으고 머리를 숙이시고, 또렷또렷한 목소리로 기도하시는 권사님은 정말 멋지셨다.

귀가 안 들리실 뿐 권사님은 말씀하시는데 막힘이 없으셨다.

그러면서도 연신 "귀도 안 들리고, 걷지도 못하고, 내가 이제 죽어야 하는데, 왜 죽지도 않는지 모르겠어!"

나는 종이에 써서 "권사님 오래오래 건강하게 사셔야지요"라고 했다.

내가 쓴 말을 읽으시더니 손사래를 치셨다.

권사님 집을 나서는데, 호박이라도 가져가라면서 가리키신 호박은 양동이보다 더 컸다.

　"이렇게 큰 호박도 있구나!"라고 생각하며 받아왔다.

　너무 커서 집에 와서 자로 재봤더니 직경이 43cm나 되었다. 내가 지금까지 보았던 어떤 호박보다도 가장 큰 호박을 보면서 권사님이 나눠주신 사랑도 저 호박도 더 큰 것 같다고 생각했다.

　권사님이 나를 반겨주신 그 표정은 지금도 잊히지 않는다. 권사님이 나에게 주신 세상에서 제일 큰 호박, 그 왕 호박도 잊히지 않는다. 믿음의 확신 안에 거하셨던 권사님을 나의 어머니와 또 신실했던 믿음의 사람들과 함께 천국에서 뵙기를 소망한다.

41.
나를 막내라고 부르시던 양 목사님

인생에서 중요한 분들, 기억나는 분들을 머릿속에 떠올려보면 감사하게도 생각나는 분들이 정말 많다. 누구누구를 지정해서 꺼내보는 것이 쉽지 않지만, 양 목사님은 저절로 나의 기억에서 수시로 인출되어 감사의 마음이 일어나곤 한다.

양 목사님은 감사한 분이기도 하지만 내가 진심으로 존경하는 분이다.

내가 양 목사님을 처음 뵙게 된 것은 2008년 9월 중순이었다.

교회를 개척하고, 지방회(침례교단과 몇 개의 기독교 교단에서 사용하는 담임 목회자 모임이자, 목회자 간 교제와 교회간 행정적인 역할을 하는 커뮤니티라고 할 수 있다.)에 가입하려고 할 때였다. 내가 가입하려고 했던 그 지방회에서 가장 연세가 많으신 목사님이었다. 나는 그 지방회에 가입해서 지금까지 활동하고 있다.

그때 목사님은 이미 70대 중반이 넘으셨었다(아마도 80이 넘으셨을 수도 있다). 나보다 거의 26살 많으신 목사님은 내가 젊은 청년쯤으로 보였던지 막내라고 하셨고, 그리고 당시 지방회 가입 순으로 보면 가장 꼴찌였으니 당연히 막내로 보셨던지, 자연스럽게 "막내"라고 부르셨다. 그 뒤로도 나보다 더 젊고, 너 늦게 가입한 목사님들도 있었지만 나도 목사님에게 전화를 드리면 "안녕하세요 목사님? 저 대전의 막내입니다."라고 했다.

한 달에 한 번씩 있는 지방회에도 빠짐없이 오셔서 한 달에 한 번은 거의 뵐 수 있었지만, 목회에서 은퇴하신 후로는 지방회에서도 거의 뵐 수는 없었고, 아주 가끔 전화만 드렸다. 나는 막내였고, 목사님은 아버지같이 다정하게 전화를 받아주셨다.

목사님이 제일 열심히 하시는 것은 전도였다.
은퇴하신 후에도 거의 매일 수원에서 서울까지 지하철을 타고 가셔서 서울역과 사람들이 많이 모이는 곳에 가셔서 전도지를 나누시면서 전도하신다고 말씀하셨다.

한 번은 이렇게 말씀하셨다.
"서울역에서 전도지를 나누어 주는데, 정장을 말쑥하게 차려입은 신사가 '할아버지 지금은 그렇게 무식한 방법은 안 통합니다. 집에나 가서 쉬세요!'라고 명령하듯이 말하는데, 내가 보기에 그 사람이 꼭 목사일 것 같았어. 목사들이 충고하길 좋아하잖아. 애 어른도 몰라보고."

나는 "자기가 생각하는 방법이야 어떻든, 또 어떤 신학적 관점을 차치하고라도 목사인지 아닌지도 모르지만 그런 왕싸가지 없는 노미가 있네요."

라고 맞장구를 쳤다.

목사님은 "그래도 나는 하나도 부끄럽지 않았어."라고 말씀하셨다.

목사님은 이런 말씀도 하셨다.

"모 교회가 1년에 만 명씩 늘었다는데, 그게 양 도둑놈이야, 아니면 능력이야? 내가 보기에는 양도둑놈 같아. 하긴 하나님만이 아시겠지만."

목사님 말씀이 정답은 아닐 수도 있지만, 나는 목사님의 생각에 공감하고, 동의하고, 함께 박자를 맞추었다.

그리고 양 목사님은 연로하신데도 불구하고, 설교를 잘하셨다. 우리 교회에서도 설교하셨는데, 너무 좋은 설교였다.

목사님은 성경 본문을 꿰뚫고 계신 것처럼 정곡을 찌르시는 설교를 하셨다. 나는 양 목사님을 우리나라 최고의 설교자 중의 한 분이라고 말하는 데 주저하지 않는다. 물론 양 목사님은 한 권의 책도 남기지 않으신 것으로 알고 있다.

2010년대 초반에 무주리조트에서 1박 2일로 지방회를 했는데, 곤도라를 타고 올라가 정상인 향적봉에 오른 적이 있었다. 그때 양 목사님은 거의 80이 되셨는데도 아주 거뜬히 정상까지 같이 오르셨다. 그때 같이 오르면서 목사님과 한가지 약속을 했었다.

물론 나의 제안이었다.

"목사님, 다음에 지리산에 한 번 같이 가시죠. 목사님은 너무 잘 오르실 것 같아요."

"그럴까? 내가 막내보다 더 잘 오를지도 몰라. 나는 아직도 등산은 자신이 있어."

그 뒤로 목사님과 다시 만날 기회가 꽤 여러 번 있었지만, 결국 지리산 등산은 이루어지지 않았다.

목사님은 딱 90세에 이미 천국에 가셨다.

그럼에도 목사님은 나의 기억 속에 최고의 전도자, 최고의 설교자였으며, 그리고 최고로 따뜻한 분이셨다.

42.
목사님 사기꾼 아니세요?

내가 교회를 개척하고 초창기에 있었던 일이다.

교회 근처의 초등학교 아이들을 많이 접촉하고, 자주 교회로 데리고 와서 함께 라면을 먹으면서 아이들과 함께 놀아주었다.

어느 휴일 오전의 일이었다.

우리 교회에 출석한 지 두 달 남짓 되는 초등학교 4학년인 B라는 아이로부터 전화가 왔다. 전화를 받았더니 첫 마디가 "목사님, 교회세요? 우리 배고파요, 밥 주세요."라고 말했다.

"그래, 밥줄 테니 오렴. 누구누구 올 거니?"

"저하고 M요."

"그래, 기다릴 테니 어서 오렴!"

주일 점심 먹고 밥솥에 남아있는 밥을 주려고 했더니 라면을 먹는다고 했다. 카드를 주면서 "라면 사 오렴!"하고 시켰더니 아주 신이 나서 편의점으로 달려갔다.

라면을 끓여서, 밥을 말아서 같이 먹으면서 아이들이 조잘대는 얘기를 흥

겹게 들어 주었다.

　그러다가 뜬금없이 B가 말했다.

"목사님 사기꾼 아니지요?"

"왜 갑자기?"

"목사님, 사기꾼 아니시잖아요?"

　이런 때는 망설이지 않을 수 없다.

"어떤 대답을 해야 하나, 우스갯소리로 받아넘겨야 하나, 아님, 아이들의 판단에 맡겨야 하나?"

　비록 짧은 시간이지만 속으로 "대답해야 하나, 말아야 하나?" 망설이다가 너무 진지하게 물어서 대답할 수밖에 없었다.

"으~~~~~~~~~~~응. 그런데 왜?"

　B가 말했다.

"우리 엄마가 사기꾼일지도 모른데요."

　M도 말했다.

"우리 엄마도 그랬어요."

"왜?"

　B는 자기의 엄마가 했다는 말을 전해 주었다.

"그냥 밥도 주고, 그리고 교회는 헌금 내라는 말을 많이 한다는데, 헌금 얘기도 안 하는 걸 보니 너무 이상하잖니?"

초등학교 4학년이 뭘 알까마는 이렇게 말했다.

"그리고 목사님이 너무 잘해주셔서요."

나는 B의 말에 적당한 말이 생각나지 않았다.

그래도 말은 해야겠기에 "목사님은 너무 잘해주면 안 되니?"라고 되물었다.

"제가 가봤던 교회 목사님들은 다 무서웠어요."

"그랬었구나. 목사님들은 다 자상하신데, 아마도 네가 가본 교회 목사님들은 아마도 장난하시느라 자상하지 않으신 척하셨을 거야."

라면을 다 먹은 후에 나는 설거지를 하고, 두 녀석이 열심히 조잘거리다가 말없이 어디론가 사라졌다. 아마도 그냥 집으로 돌아갔거나, 놀려고 학교 운동장으로 나간 것 같았다.

설거지를 하는 내내, 그리고 아이들이 돌아간 것을 안 후에도 "사기꾼"이라는 단어가 쉽게 뇌리에서 떠나질 않았다. 사기꾼으로 오해받을 만큼 내가 아이들과 그 부모들에게 보였다는 것이 한편으로 큰 위로와 기쁨이면서도 이런저런 생각을 하게 되었다. 어떻게 하면 사기꾼이 되고, 어떻게 하면 사기꾼이 아닌 사람이 되는지 머릿속으로 되뇌어보았다. 네이버 사전에서 찾아보니 사기꾼, "습관적으로 남을 속여 이득을 꾀하는 사람"이라고 나왔다. 사기꾼을 설명하는 단어 하나하나가 다 의미를 담고 있는 단어들이다.

'습관적', '속여', '이득', '꾀하는' 어느 단어 하나 그냥 흘려버릴 것이 없다. 어쩌면 여기에 나오는 모든 단어와 상관이 없어야 목사다운 목사가 될 수 있다는 생각에서 멈췄다.

　내가 아이들에게 짓는 표정, 내가 구사하는 언어, 내가 아이들에게 갖는 마음, 내가 아이들을 향해서 하는 작은 일이라도 아이들과 그 아이들의 엄마와 대화의 소재가 되고, 평가가 되고 있다는 것을 깊이 생각하면서 나름 진지하고 엄숙하게 다짐해 봤다.
　"당연히 그런 것 안 해야지!"
　"당연히 그런 단어들이 연상되는 삶은 살지 말아야지!"
　"당연히 누구에게나 좋은 목자가 되어야지!"

43.
나의 선생님들

　나의 성장 과정에서 나를 이끌어주신 선생님은 한 분, 한 분 다 고마운 분들이시고, 어떤 가르침은 굳이 기억하려고 하지 않아도 인생의 어느 순간, 어느 시점에 기억이 나고 좋은 길잡이가 되어주곤 한다.

　내가 학교에 다닐 때는 "꼰대"라는 말을 지금처럼 사용하지도 않던 때였지만, 그렇다고 선생님이 하시는 말씀은 무엇이든지 곧이곧대로 다 잘 듣지도 않았다.
　그래도 돌아보면 그때는 왜 그렇게 좋은 말은 듣기 싫었든지 모르겠다.

　그래도 나에게는 수십 년이 지나도록 지워지지 않고 기억되는 말씀들과 고맙게 마음을 써 주신 선생님들이 계셨다. 내가 성장하는 과정에서 만났던 수많은 선생님 중에는 아픈 기억도 있고, 많은 선생님은 아예 아무런 기억도 없다. 그분들도 나름 최선을 다해서 가르치시고, 좋은 분들이었을 텐데 말이다.

　나는 국민(초등)학교 4학년이라는 아주 어렸을 때 갈등과 방황의 시간이 있었다. 나의 입장에서 보면 갈등과 방황의 시간이었고, 부모님이나 학교의 입장에서 보면 문제가 많은 초딩이었다. 자주 꾀병을 부리는 결석쟁이였고, 또 쉬는 시간에 학교를 빠져나와 방황하는 아이였다. 그때 나를 만나 주시고, 나의 마음을 물어봐 주셨고, 꼬맹이였던 나의 입장에서 나를 만나 주셨던 분이 당시 교장선생님이셨다.

그 교장선생님은 나에게 이렇게 묻곤 하셨다.

"내가 너에게 어떻게 해주면 좋겠니?"

그 교장선생님은 내가 학교를 떠나지 않고 계속 다니도록 나를 이끌어주시고, 보호해주셨다.

내가 꽤 성장한 후에야 그 교장선생님이 정말 고마운 선생님이셨다는 것을 깨닫게 되었고, 어른이 되어서는 감사하다는 말을 전해드리지 못한 것이 몹시 죄송하다는 생각을 하게 되었다.

그리고 중학교 2학년 때 담임이셨던 P 선생님은 나에게 "진지하게 공부해야겠다"는 마음을 심어 주셨었다. 나를 특별히 편애하거나 그러지는 않으셨던 것으로 기억된다. 그렇지만 나에게 관심을 주시고, 지지해 주셨다. 사춘기의 나에게 얼마나 큰 힘이 되었는지 모른다. 그때로부터 지금까지 나의 기억 속에 굉장히 고마운 선생님으로 항상 기억하고 있다.

그리고 중학교 3학년 때 농업 과목을 가르쳐 주셨던 또 다른 P 선생님은 수업마다 끝나는 종이 울리기 전 5-10분 동안 인생의 중요한 가치에 대해서 말씀해 주셨다. 우정, 정의, 사랑, 효, 직업……. 인생에서 중요한 덕목으로 삼아야 할 주제들을 수업 시간마다 말씀해 주셨다. 그 말씀들을 다 기억하지 못하지만, 나를 그런 주제들의 입구까지 데려가 주셨다.

위의 세 분 선생님은 많은 은혜를 베푸신 선생님들로 자주 기억되고, "나를 가르쳐주신 고마운 선생님들"이라고 자랑하곤 한다.

그런데 정작 내가 가장 좋아하고, 짝사랑하는 선생님은 아주 늦은 나이에 만나게 되었다. 나는 아주 많이 늦은 나이에 신학대학원에 진학했다.
나는 젊음의 시간에는 목사가 되기 싫었었다.
왜냐하면 언제든지 갈아타고 싶으면 갈아탈 수 있는 직업을 갖고 싶었다.
그러다가 갑자기 목사가 되고 싶다는 생각을 품을 수 있는 시간과 마주하게 되었다.
설교자로 살고 싶어졌고, 복음도 더 많이 전하고 싶어졌고, 하나님만을 위해 살고 싶어졌다. 그래서 신학대학원에 가게 되었다. 신학을 공부하는 동안 가르쳐주신 교수님들은 한 분, 한 분 좋은 가르침을 나누어 주신 스승이셨다.

그런데 어느 강의 시간, 그 시간부터 한 교수님을 짝사랑하게 되었다.
그 교수님은 목회상담학을 가르쳐 주신 Y 교수님이다.
교수님의 성품, 교수님 속에 계신 신학이 아름다웠다.
어느 강의 시간에 교수님은 간증을 나누어 주셨다.

따님의 출생에 얽힌 이야기를 해 주셨는데, 교수님의 말씀을 들으면서 "교수님은 하나님과 깊은 교제를 하시며, 그 교제 속에서 사람의 마음을 어루만지시는 분이시구나"라는 생각이 아주 진하게 다가왔다.

훌륭한 남편, 훌륭한 아빠, 훌륭한 목자의 마음이 정말 따뜻하게 다가왔다.

그날부터 나는 Y 교수님의 마음을 닮고 싶어졌다.

그리스도인은 예수님을 참 목자로 마음에 영접하여 모시고, 따른다.

그렇기 때문에 "또 다른 목자가 더 필요할까?"라고 생각할 때도 있다.

그러나 우리는 예수님의 마음을 발산하는 목자를 만나길 원하고, 예수님을 닮은 목자의 마음을 느끼고 싶어하고, 그런 모델을 그리워한다.

나는 Y 교수님으로부터 그런 목자상을 발견했다.

나 또한 그런 목자를 꿈꾸고, 그런 목자가 되기를 사모한다.

44.
나는 잘 바라보고, 잘 듣고 있는 걸까?

어제 오전에 교회를 향하여 가는데, 아파트 바로 앞에 있는 첫 번째 신호등에서 신호에 딱 걸려 신호대기를 하고 있었다.

아이가 신호를 보낸 것도 아닌데, 아주 작은 여자아이가 엄마의 손을 잡고 걷고 있는 모습이 보였다. 나의 시선이 마치 끌려가기라도 하듯이 경쾌하게 걷는 아이에게로 나도 모르게 다가갔다. 처음에는 무심히 바라보았지만, 나는 어느새 아주 진지하게 바라보고 있었다.

엄마의 손을 잡고 인도를 걷고 있는 아이는 신나는 목소리로 이것저것 가리키면서 신나게 말하는 모습이 보였다. 아이가 말하는 내용은 구체적으로 들리지 않았지만, 손가락으로 뭔가를 가리키면서 해맑게 웃으면서 쉬지 않고 말했다.
아이 옆에서 아이의 손을 잡고 걷는 엄마는 아주 키가 크고, 세련된 젊은 엄마였다.

처음에는 아이와 엄마가 보였고, 아이의 신나는 모습이 나의 눈에 들어왔다가, 거의 자동으로 그 아이의 엄마에게로 나의 시선이 갔다.

엄마는 분명히 아이의 손을 잡고 걷고 있었지만 아이가 경이롭게 말하는 소리는 듣지 않으면서 걷고 있는 것 같았다. 차 안에서 신호대기하고 있는 나도 아이의 신나는 모습이 보이고, 아이가 경이로워하는 표정이 보이고, 신나게 뭐라고 조잘대는 소리가 어렴풋이 들리는데, 엄마의 시선은 허공에 머물고, 표정에는 아무런 변화도 없이 걷고 있었다.

저 아이의 엄마는 아이의 조잘거리는 소리에 지친 걸까?
저 아이의 엄마는 아이의 소리가 들리지 않을 만큼 무엇인가에 집중하고 있는 걸까?
저 아이의 엄마는 지금 깊은 근심에 싸여 아이에게 관심을 줄 수 없는 걸까?

신호가 바뀌었다.
신호가 바뀌자 자연스럽게 내 생각의 초점은 그 아이와 그 엄마에게서 나에게로 돌아왔다.
나는 나를 향하여 말하는 사람들에게 좋은 경청자인가?
나도 나의 시선을 끄는 것들에 마음이 팔려 함께 걷는 이들에게 무표정, 무관심하며 나의 인생을 살고 있지 않는지 돌아보니 변명의 여지도 없이 나의 얼굴이 화끈 달아올랐다.

나도 딴전 피우고, 해찰하고, 분주하게 나의 길을 걷느라 바로 그 아이의 "어떤 엄마"처럼 진짜 의미 있는 자신을 잃은 채 걸어가고 있지 않는지 한참을 돌아봤다.

더 급한 일에 쫓기고, 핸드폰 신호음에 쫓기고, 더 가까이 다가오는 상황에 쫓기다 보면 진짜 중요한 순간을 놓치고, 진짜 중요한 사람, 진짜 중요한 것을 놓치며 사는 것은 아닐까 하는 생각이 나를 붙잡았다.

45.
돌아보니 우린 함께 자랐다

　내가 감독이라 부르는 C 감독은 축구를 아주 좋아하고, 선수급 축구인이다. 새벽에 함께 축구할 사람을 다 각도로 모색해 보았지만, 한 팀을 만드는 것은 쉽지 않았다. 조기축구 팀도 많고, 축구를 좋아하는 사람도 많은데, 막상 새벽에 함께 축구할 만한 사람을 모으는 것은 쉽지 않았다.

　멤버는 계속해서 바뀌어도 C 감독과 나는 매일 아침 초등학교 운동장을 지켰다. 때론 전직 선수 출신도 나왔고, 일찍 등교하는 초등학교 아이들과 공을 차기도 했다.

　그러던 어느날 그날도 등교하기에는 아주 이른 시간에 한 아이가 백팩을 등에 메고 운동장을 지나가고 있었다. 언제부터인가 그 아이가 매일 같은 시간에 운동장을 가로질러 지나가고 있다는 것을 보아왔었다.
　내가 먼저 말을 붙였다.
　"매일 이렇게 일찍 등교를 하니?"
　"네에"
　나와 P는 이렇게 만나게 되었다.

P와 매일 아침 만나면서 P와 같이 축구를 하기 시작했다.

그렇게 우리는 만났고, 그렇게 알아가게 되었다.

아침부터 땀을 흘리고 잠시 앉아 P와 대화를 하곤 했다.

얼마 지나지 않아 P가 아침 식사도 못 하고 등교한다는 것을 알았다.

요즘은 많은 사람이 다이어트를 하려고 아침을 먹지 않거나, 또는 아침을 먹기 싫어서 아침을 안 먹는 사람이 많지만 배가 고픈데도 아침 식사를 못 하고 등교하는 아이가 있다는 것은 놀라운 일이었다.

P와 매일 아침 만나면서 P에 대해서 조금씩 알아가기 시작했다.

P는 아빠와 새엄마와 함께 살고 있다고 했다.

P는 곧잘 화가 난 목소리로 이런 말을 했다.

"시발, 지들끼리 싸우는데, 불똥은 왜 나한테까지 튀냐고?"

"무슨 말이니?"

"지들이 싸우고 왜 나에게 욕을 하고, 발로 차냐고?"

"아빠와 새엄마의 얘기니?"

"네에"

P는 계속해서 같은 시간에 아주 피곤하고, 지친, 그리고 배고픔을 얼굴에 잔뜩 품고 나타났다.

초등학교1학년 때부터 중3까지 하루에 한 끼도 집에서 밥을 먹지 않았다고 했다.

그러면서 "토요일이나 일요일에 둘(아빠와 새엄마)이 어디 가고 혼자 집에 있을 때만 밥솥에 밥이 남아있어서 먹은 적은 몇 번 있어요."라고 했다.

"이런 나쁜 사람들이 있을까?"

"어떻게 이럴 수가 있을까?"

처음에는 잘 믿기지도 않았고, 듣는 것만으로도 화가 났다.

아침은 굶고, 점심은 학교에서 급식하고, 저녁은 지역아동센터에서 먹는다고 했다. 한창 크는 시기에는 먹어도, 먹어도 배가 고프다는 것을 아무리 어른이라도 잘 알고 있을 텐데 말이다.

요즘 대부분의 엄마는 아이들에게 조금이라도 더 먹이려고 애걸복걸하며 밥 먹는 시간이 엄마와 아이들 사이에 한바탕 소동이 벌어지는 시간이라는 것은 우리 나라 가정에서는 평범한 일상인데, 아침을 굶고 나온다는 것이 처음에는 이해가 안 되었다.

P는 매일 자신이 당하는 것을 입증이라도 하려는 듯 혼잣말로 거친 욕설을 흘렸다.

매일 아침 6시쯤이면 새엄마가 발로 차면서 욕설을 퍼붓는다고 했다. 새엄마의 발길질과 욕설을 들으며 일어나 집을 나오는 P가 그야말로 등교인지, 쫓겨나는 것인지 화를 눌러 참아내며 집을 나와 불쾌하고, 불안하고, 억울하고, 배고픈 하루를 시작한다는 것도 알았다.

그런 P에게 운동장으로 직접 오지 말고, 집을 나오자마자 교회로 오라고 했다.

밥을 먹일 생각이었다.

밥이 없을 때를 위해서 라면도 한 박스씩 사다 놓았다.

P는 밥보다는 라면을 더 좋아했다.

P는 중학교를 졸업하고 교회에서 가까운 고등학교에 배정받아 진학했다. 교회에서 가까운 고등학교에 진학하면 교회에 출석하겠다는 약속대로 P는 교회에 출석하기 시작했다.

엄마와 아빠가 헤어지면서 P는 자신의 의지와 상관없이 아빠를 따라왔고, 그렇게 만난 새엄마는 P를 구박하고, 때리고, 밥도 안 주는 그런 사람이었고, 그런 만행이 계속 이어지고 있었다. P의 몸에 새겨진 학대의 자국과 배고픔에 시달리는 아이를 본 지역아동센터의 사회복지사 선생님이 신고를 해서 경찰이 집을 방문한 적도 여러 차례가 있었다는 것도 알았다.

점차 P를 알아가면서 P는 친엄마가 전주에 살고 있을 것이라고 했다.

7살에 헤어져서 그동안 한 번도 못 봤다고 했다.

나는 P에게 엄마를 만나게 해주고 싶었다.

P는 전화도 없었고, 엄마의 연락처도 모르고, 만나려고 하는 의지도 없었다.

얼마나 보고 싶고, 얼마나 엄마의 품을 그리워했을지…….

나는 엄마가 아이를 버리고 떠났다면 어쩌면 P의 생모도 새엄마만큼이나 나쁜 사람일지도 모르겠다는 생각을 하면서도 P의 생모를 찾아보고 싶었다.

　나는 P를 보면서 너무 화가 나서 견딜 수가 없었다.
　P의 아빠가 제일 나쁜 사람 같았다.
　어린아이가 매일 아침밥도 못 먹고 집에서 쫓겨나듯이 나가는데, 어떻게 아무런 보호도 해주지 않는 것일까?
　"무능한 사람일까, 나쁜 사람일까, 아무것도 모르는 사람일까?"
　한 번은 대화를 해보고 싶어서 찾아갔는데, P의 아빠라는 사람은 웬 참견이냐고 거칠고 아주 상스러운 말로 나를 내쫓았다. 거친 말과 표정에서 "웬 놈이 난데없이 찾아와서 자신의 가정사에 끼어들려고 하는지" 쯤으로 생각하고, 아예 말을 섞으려고도 하지 않았다.

　고등학생이 되자 P는 저녁마저도 굶게 되는 일이 벌어졌다.
　중학교까지는 지역아동센터에서 저녁 무료 급식을 해주었는데, 고등학교에 진학 하면서 야간자율학습이 있어서 지역아동센터에 갈 수 없게 되었다. 점심도 유료 급식, 저녁도 유료 급식으로 바뀌면서 점심은 그래도 아빠가 급식비를 내주어서 학교급식으로 점심은 먹고 있었지만, 저녁 급식비는 내주지 않아서 저녁은 굶고 있다고 했다.
　나는 P에게 학교 급식비 계좌를 알아 오게 했다. P가 저녁 급식을 할 수 있게 해주고 싶어서였다.

P는 그때까지도 아이들이 다 가지고 있는 스마트폰이 없었다. P와 P의 엄마가 혹시 연락을 하고 싶어도 연락처도 없고, 또 연락처를 안다고 하더라도 연락할 길이 없었으므로 최신 기기는 아니지만 P에게 일단 스마트폰을 만들어 들려주었다.

그리고 P가 알고 있는 정보를 최대한 동원해서 함께 생모를 찾기 시작했다.

여러 루트를 통해 수소문 끝에 생모가 전주에서 살고 있고, 연락처까지 알게 되었다.

내가 먼저 P의 생모에게 전화를 걸었다.

전화 속에서 들려오는 P의 생모 목소리에서 경계하고 있는 것이 역력했지만 "적어도 대화가 안 되는 사람은 아니겠구나"라는 생각을 하게 되었다.

"아빠가 엄마를 만나는 것을 알면 아빠와 새엄마가 더욱 괴롭힐지도 모르겠다." 생각하고 있던 P는 생모와 연락해야겠다는 의지도 없었다.

그동안 P가 믿고, 의지할 수 있는 사람은 아무도 없었던 것 같았다.

그런 P를 설득했다.

아빠와 새엄마가 눈치챌 수 없는 날에 전주에 다녀오자는데 합의했다.

드디어 날짜를 잡아서 P를 데리고 전주로 향했다.

7살 때 헤어진 P와 엄마는 거의 12년 만에 만났다.

만나서 얘기하면서 알게 된 것은 P의 생모가 P를 적어도 의도적으로 버린 것이 아니라는 것을 알았다.

　남편의 부정행위로 헤어지게 되었는데, 막상 여자 혼자 살아가려고 하니 막막해서 당시로서는 도저히 아이를 맡을 수 없었다고 했다.

　"그야말로 살길이 막막했습니다."

　괴로웠지만 아이는 아빠에게 데리고 가라고 했다는 것이었다.

　그때 아이 아빠는 P의 생모에게 "너는 앞으로 얘를 찾으면 죽여버릴 거야, 연락도 하지 말고, 얼씬도 하지 마!"라고 엄청난 폭언을 퍼부으며 협박을 받았다고 했다.

　그렇게 P와 생이별하고 오랜 세월이 흘렀다고 했다.

　두 사람 다 눈물을 흘리거나, 어떤 감격을 보여주지 않았지만, 서로 그리워했던 탓인지 P도 엄마에게 다가갔고, 생모는 P를 애틋한 눈으로 맞아 주었다.

　그때로부터 P의 엄마는 저녁 급식비도 내주고, 나의 통장으로 매월 5만 원씩 용돈도 보내왔다.

　이때 P는 개인 통장도 없었고, 미성년이라서 스스로 통장을 만들 수도 없었고, 통장을 만든다고 해도 통장을 숨길 길도 없었다. 그렇게 1년 남짓의 시간을 보내고 P가 고3이 되었을 때 엄마는 P의 이름으로 된 전화도 만들어 주었다.

　나는 P가 고등학교를 졸업하면 대학에 진학하길 바랐다.

그때까지 P는 공부를 더 잘할 수 있는 아이로 보였지만, 공부를 열심히 해야겠다는 의지가 없어 보였다. 하지만 P는 독서를 많이 하고, 독서한 후에 독서한 내용을 곧잘 얘기했다. P는 읽은 내용을 잘 파악한다는 것을 보여주었다. 나는 P가 충분히 대학 공부를 할 수 있는 자질이 있다고 생각했다.

나는 가능하면 P가 4년제 대학에 진학했으면 좋겠다고 했다.

그런데 P의 엄마는 P가 대학에 진학하지 않고, 취업 하기를 원했고, P도 빨리 취업을 해서 돈을 벌고 싶다고 했다.

P는 대전을 떠나, 천안에 있는 중소기업에 취업했다.

그런데 몇 개월 후에 P는 진학해야겠다는 생각을 가지고 돌아왔다.

그리고 P는 반수를 하여 전문대에 진학했다.

대학생이 된 P는 한결 성숙한 모습으로 자라 있었다.

처음에는 대학 생활의 적응에 어려움도 보였지만 곧잘 적응했다.

나는 P를 위해서 장학금을 모금했다. 학비 전체를 해결해 주지는 못했지만, 많은 분이 장학금에 참여해 주었다. P는 한 학기를 남겨놓고, 병역특례 사업체 근무로 병역의무를 하게 되었다.

군산에 있는 병역특례사업체에 근무하면서 종종 대전까지 와서 함께 예배하곤 했다.

어느 날 P를 버스터미널까지 태워다 주는데, P가 "목사님, 아이스크림 드실래요? 제가 사드리겠습니다."라고 말했을 때는 아주 강한 전기가 나의 전신에 흐르는 것처럼 찌릿찌릿함을 느꼈다.

결국 내가 아이스크림값을 지불했지만, P의 말 한마디가 나의 가슴을 울먹이게 했다.

너무 감동이 와서 돌아오는 길에 나는 많이 울었다.

나도 모르게 나의 가슴에서 "한 아이가 이렇게 성장하는구나!"라는 감격과 함께 하나님께 진심으로 감사드렸다.

그리고 P는 다시 복학을 해서 마지막 학기를 보내면서 편입하겠다는 계획을 말했다. 그 계획이 곧 나의 계획이기도 했다.

P는 대전의 한 국립대학에 편입학하게 되었다.

편입을 한 후에 처음에는 전문대와 4년제 대학이 다르다는 것과 그 안에서 느끼는 버거움을 보였지만 곧잘 적응해 갔다.

공부에도 탄력이 붙는 것 같았고, 학교에서 근로장학생으로 일하면서 교수님과의 관계도 잘 유지하고, 과사무실에서의 역할, 그리고 친구들과의 관계 모두 원만하게 잘 해냈다.

P의 삶이 나의 감사이고, P의 성장이 곧 나의 성장이었다.

최근에 P는 대기업 인턴을 거쳐 중소기업 정규직으로 취업했다.

그리고 P는 자신의 자동차를 갖게 되었다.

P는 더 기쁘겠지만, P의 기쁨은 나에게도 큰 기쁨이 되었다.

나는 아주 많이 반복해서 하나님께 감사드렸다.

그리고 "P야 잘 자라주어서 너무너무 고맙다"라는 말을 되풀이해서 중얼거렸다.

한국 사람이면 누구나 대학도 졸업하고, 누구나 취업도 하고, 누구나 자동차도 소유하는 것이 평범한 일이지만 P가 이룬 모든 것은 너무 대견스럽고, 너무 사랑스럽고, 자랑스럽고, 고마움이다.

지나고 보니 P의 성장이 곧 나의 성장이었다는 것을 깊이 깨닫게 되었다.

사랑한다, P야!

고맙다, P야!

더욱 높이 높이 날아오르렴, P야!

46.
일기예보

 엊그제에도 비가 올 확률이 60%가 넘고, 강수량은 40mm 이상이라는 예보가 있었다. 그리고 일기예보를 알리는 방송국 캐스터는 이런 말을 덧붙였다. 6월의 날씨가 벌써 34도를 넘었고, 우리나라에서는 흔히 7, 8월에나 나타나는 열대야 현상까지 나타났었는데 비가 내리면 평년기온을 되찾게 될 것이라고 했다.

 그런데 비가 몇 방울 떨어지기는 했다.
 그것도 예보한 시간보다 오히려 몇 시간이나 빨리 비가 내렸다.
 그렇지만 40mm의 비가 쏟아지기 시작할 것이라는 예보는 오후 1시에서 오후 2시로, 오후 2시에서 다시 오후 3시로, 그리고 저녁으로 점점 밀려나더니 끝내 본격적인 비는 내리지 않았다.
 쥐의 소변량이나, 참새의 소변량 정도 내린 것 같다.

 유난히 일기예보가 잘 맞지 않을 때가 있다.
 그렇게 유난히 맞지 않을 때는 가뭄이 지속되고 있을 때나, 혹한의 추위가 물러가기를 기다릴 때나, 또 날이면 날마다 주구장창 계속해서 비가 내려

이제 제발 비가 그만 좀 내렸으면 좋겠다고 생각할 때면 일기예보는 평소보다 더 맞지 않는 것 같다. 일기예보는 정말 잘 맞아야 할 때, 잘 맞아 줬으면 할 때, 잘 맞으면 좋겠다는 마음이 간절할 때 잘 맞지 않는다.

일기를 예측하기 위해서는 첨단 장비를 사용하고 있고, 다양한 과학적 관찰과 오랫동안 쌓아온 통계적 자료들까지 총동원한 결과물일 텐데 올해같이 가뭄이 지속되고 있을 때는 유독 일기예보가 더 맞지 않는다. 이렇게 말하면 분명히 선입견이라거나, 비과학적인 생각이라고 할 수도 있다.

나의 이런 생각은 선입견일 수도 있고, 비과학적일 수도 있다.
그런데 나는 전문 농업인이 아니지만 노지에서 식물을 키우다 보니 매일 아침저녁으로 물을 주어 식물을 연명시켜 가지만 비가 내리지 않으면 물을 주어 연명시키는 것도 한계가 있다는 것을 느낀다. 그러다 보니 일기예보에 귀를 기울이고, 그 예보대로 비가 오기를 학수고대할 때가 많다.

평소 일기예보에 관심이 없던 사람이라도 심한 가뭄과 심한 더위에는 저절로 관심이 가고, 날씨의 예측 정보를 자주 찾아보게 되는 것 같다. 특히 스마트폰의 날씨 앱을 자주 열어보게 된다.
날씨 앱에 비가 올 것이라는 표시라도 뜨면 눈이 번쩍 뜨이고, 비가 올 확률이 좀 높게 표시되면 비가 올 것이라는 기대감이 아주 높이 치솟는다.

그런데 잔뜩 기대했던 예보의 비 내림 표시가 흐지부지 사라지면 그 아쉬움, 섭섭함, 허망함, 실망감은 말로 다 표현할 수 없을 정도다.

그냥 비가 오면 외출을 삼가고, 꼭 외출해야 한다면 가볍게 우산을 들고 외출을 하면 되는 그런 사람에게는 설령 일기예보가 맞지 않는다고 하더라도 대수롭지 않은 듯 지나갈 수 있지만 비 한 방울이 정말 중요한 사람에게는 빗나간 일기예보는 야속하다는 생각까지 하게 된다.

그래서 일기예보가 너무 맞지 않는다는 생각이 들자 '기상청 사람들'이라는 드라마까지 떠올려 보게 되었다. '기상청 사람들'도 사랑도 하고, 티격태격도 하고, 서로 갈등하면서 잘 맞추고, 정확하게 예보를 전달하려고 하는, 과학을 하는 사람들이라는 베이스를 깔고 가는 드라마였다.

과학을 하는 사람들이기 때문에 자연재해가 나지 않도록 정확하게 예보하면 책임을 다하는 것이므로 굳이 '비를 기다리는 사람들'을 염두하고 일기예보를 작성할 리가 없지만, 일기예보가 꼭 맞기를 바라는 사람들은 일기예보가 맞지 않으면 혹시 "비가 내린다고 해주는" 선심성 예보를 한 것이 아닌가 하는 생각을 하게 되고, 그런 마음으로 예보를 내보냈다면 심정적으로는 고맙지만, 결과적으로는 속이 뒤집어진다.

나의 이런 생각은 근거도 없고, 터무니없는 편견이어야 하지만, 일기예보가 너무 맞지 않을 때는 이런 마음을 떨쳐버릴 수 없다.
그야말로 비가 너무 내리지 않으니까, 많은 사람이 안타까워 하니까, 가뭄이 사람이나 동물이나, 식물의 생명까지 위협하니까 약간은 틀릴 수 있더라도, 비가 내리기를 기도하는 심정으로, "인정 어린 예보를 만든 것은 아닌가?"라는 어쭙잖은 생각을 해보기도 한다.

너무 덥고, 식물들의 잎은 축 늘어지고, 더위는 수그러들 기미가 보이지 않고, 비가 내릴 확률과 함께 비가 내리는 표시가 떴다가 사라지는 안타까움이 반복되자 이런 생각까지 하게 됐다.

정말 그런가?

정말 희망 고문이었나?

희망 고문은 잠시라도 희망을 품게 하는 좋은 거짓말일 수도 있고, 혹은 하얀 거짓말일 수도 있고, 희망이라는 이름의 진짜 고문일 수도 있다.

절망 가운데 있는 사람에게 희망을 주고, 격려가 필요한 사람을 격려하고, 불가능의 벽 앞에서 주저앉아 있는 사람에게 가능성을 찾게 해주는 것은 분명히 굉장히 중요한 덕목이다.

나도 누군가에게 그렇게 해주고 싶다.

그런데 특별한 상황에 부닥친 사람에게는 무조건 잘될 것이라는, 무조건 문제없을 것이라는, 무조건 희망적이라는 말이 그냥 좋은 말이 아니라, 궁극적으로 굉장히 고통스러운 희망 고문일 수도 있겠다고 생각했다. 빗나간 일기예보를 통해서 얻은 교훈이다.

내가 누군가에게 희망을 줘야 할 기회가 주어더라도 섣부른 희망보다는 정직한 마음으로 희망을 주고, 누군가를 격려할 기회가 주어지더라도 섣부른 격려보다는 진지한 격려를 하고, 누군가의 가능성을 발견하여 나눌 기회가 주어지더라도 섣부른 한마디를 던지기보다는 기도하며 하나님의 계획을 발견하도록 도와야겠다는 마음을 갖게 된다.

비가 내리지 않으면 차라리 수돗물이라도 미리 듬뿍 뿌려주고, 열대야의 밤이면 차라리 미리 열대야를 대비하게 하고, 비가 내릴 기미가 보이지 않으면 차라리 더 긴 기다림을 준비할 수 있도록 하는 것이 더 낫지 않을까? 괜한 빈말로 중요한 시간을 낭비하게 하기보다는 정직하게, 진솔하게, 터놓고 얘기하는 것이 훨씬 좋은 소통을 만들고, 서로에게 진짜 발전적인 미래와 희망을 줄 수 있겠다고 생각하게 된 여름이다.